全国普通高等中医药院校药学类 "十二五" 规

中药商品学实验实训

（供中药学、药学、药物制剂、制药工程及相关专业使用）

主　编　李　峰　蒋桂华

副主编　王世清　李昌勤

　　　　杨扶德　曹　岚

中国医药科技出版社

内容提要

　　本书是全国普通高等中医药院校药学类"十二五"规划教材之一，依照教育部相关文件和精神，根据本专业教学要求和课程特点，结合《中国药典》和相关执业药师资格考试，编写而成。全书共分上下两篇，上篇主要设计了富有中药商品特色的中药商品规格等级实验、中药商品道地特色实验、中药野生与栽培商品的鉴别实验；侧重检测中药商品杂质的中药商品灰分测定实验、中药商品水分测定实验、中药商品特定药用部位检查实验等13个重点实验项目。下篇主要设计了7天左右的课程内容，围绕中药商品学的研究任务，以国家级中药材市场为基地，进行中药材专业市场的全面考察。调研在流通领域中中药商品的种类、中药商品的质量、中药商品的价格变化、中药商品的市场行情等多项实训内容。

　　本教材实用性强，主要供中医药院校药学类专业使用，也可作为医药行业考试与培训的参考用书。

图书在版编目（CIP）数据

中药商品学实验实训 / 李峰，蒋桂华主编 .—北京：中国医药科技出版社，2014.8
全国普通高等中医药院校药学类"十二五"规划教材
ISBN 978-7-5067-6808-5

Ⅰ．①中…　Ⅱ．①李…②蒋…　Ⅲ．①中药材 – 商品学 – 中医学院 – 教材
Ⅳ．① F762.2

中国版本图书馆 CIP 数据核字（2014）第 179559 号

美术编辑　陈君杞
版式设计　郭小平

出版　**中国医药科技出版社**
地址　北京市海淀区文慧园北路甲 22 号
邮编　100082
电话　发行：010-62227427　邮购：010-62236938
网址　www. cmstp. com
规格　787 × 1092mm $\frac{1}{16}$
印张　$7\frac{1}{4}$
字数　151 千字
版次　2014 年 8 月第 1 版
印次　2014 年 8 月第 1 次印刷
印刷　北京市密东印刷有限公司
经销　全国各地新华书店
书号　ISBN 978-7-5067-6808-5
定价　**18.00 元**
本社图书如存在印装质量问题请与本社联系调换

全国普通高等中医药院校药学类"十二五"规划教材

编写委员会

主 任 委 员　彭　成（成都中医药大学）

副主任委员　朱　华（广西中医药大学）

　　　　　　曾　渝（海南医学院）

　　　　　　杨　明（江西中医药大学）

　　　　　　彭代银（安徽中医药大学）

　　　　　　刘　文（贵阳中医学院）

委　　　员　（按姓氏笔画排序）

　　　　　　王　建（成都中医药大学）

　　　　　　王诗源（山东中医药大学）

　　　　　　尹　华（浙江中医药大学）

　　　　　　邓　赟（成都中医药大学）

　　　　　　田景振（山东中医药大学）

　　　　　　刘友平（成都中医药大学）

　　　　　　刘幸平（南京中医药大学）

　　　　　　池玉梅（南京中医药大学）

　　　　　　许　军（江西中医药大学）

　　　　　　严　琳（河南大学药学院）

　　　　　　严铸云（成都中医药大学）

　　　　　　杜　弢（甘肃中医学院）

　　　　　　李小芳（成都中医药大学）

　　　　　　李　钦（河南大学药学院）

　　　　　　李　峰（山东中医药大学）

　　　　　　杨怀霞（河南中医学院）

　　　　　　杨武德（贵阳中医学院）

　　　　　　吴启南（南京中医药大学）

何　宁（天津中医药大学）

张　梅（成都中医药大学）

张　丽（南京中医药大学）

张师愚（天津中医药大学）

张永清（山东中医药大学）

陆兔林（南京中医药大学）

陈振江（湖北中医药大学）

陈建伟（南京中医药大学）

罗永明（江西中医药大学）

周长征（山东中医药大学）

周玖瑶（广州中医药大学）

郑里翔（江西中医药大学）

赵　骏（天津中医药大学）

胡昌江（成都中医药大学）

郭　力（成都中医药大学）

郭庆梅（山东中医药大学）

容　蓉（山东中医药大学）

巢建国（南京中医药大学）

康文艺（河南大学药学院）

傅超美（成都中医药大学）

彭　红（江西中医药大学）

董小萍（成都中医药大学）

蒋桂华（成都中医药大学）

韩　丽（成都中医药大学）

曾　南（成都中医药大学）

裴　瑾（成都中医药大学）

秘　书　长　王应泉

办　公　室　赵燕宜　浩云涛　何红梅　黄艳梅

本书编委会

主　编　李　峰　蒋桂华

副主编　王世清　李昌勤　杨扶德　曹　岚

编　委　（按姓氏笔画排序）

王世清　（贵阳中医学院）

王明伟　（甘肃中医学院）

邓晶晶　（成都中医药大学）

兰志琼　（成都中医药大学）

李　峰　（山东中医药大学）

李宝国　（山东中医药大学）

李昌勤　（河南大学）

杨扶德　（甘肃中医学院）

张　芳　（山东中医药大学）

顾正位　（山东中医药大学）

曹　岚　（江西中医药大学）

蒋桂华　（成都中医药大学）

出版说明

在国家大力推进医药卫生体制改革，健全公共安全体系，保障饮食用药安全的新形势下，为了更好的贯彻落实《国家中长期教育改革和发展规划纲要（2010－2020年）》和《国家药品安全"十二五"规划》，培养传承中医药文明，具备行业优势的复合型、创新型高等中医药院校药学类专业人才，在教育部、国家食品药品监督管理总局的领导下，中国医药科技出版社根据《教育部关于"十二五"普通高等教育本科教材建设的若干意见》，组织规划了全国普通高等中医药院校药学类"十二五"规划教材的建设。

为了做好本轮教材的建设工作，我社成立了"中国医药科技出版社高等医药教育教材工作专家委员会"，原卫生部副部长、国家食品药品监督管理局局长邵明立任主任委员，多位院士及专家任专家委员会委员。专家委员会根据前期全国范围调研的情况和各高等中医药院校的申报情况，结合国家最新药学标准要求，确定首轮建设科目，遴选各科主编，组建"全国普通高等中医药院校药学类'十二五'规划教材编写委员会"，全面指导和组织教材的建设，确保教材编写质量。

本轮教材建设，吸取了目前高等中医药教育发展成果，体现了涉药类学科的新进展、新方法、新标准；旨在构建具有行业特色、符合医药高等教育人才培养要求的教材建设模式，形成"政府指导、院校联办、出版社协办"的教材编写机制，最终打造我国普通高等中医药院校药学类核心教材、精品教材。

全套教材具有以下主要特点。

一、教材顺应当前教育改革形势，突出行业特色

教育改革，关键是更新教育理念，核心是改革人才培养体制，目的是提高人才培养水平。教材建设是高校教育的基础建设，发挥着提高人才培养质量的基础性作用。教育部《关于普通高等院校"十二五"规划教材建设的几点意见》中提出：教材建设以服务人才培养为目标，以提高教材质量为核心，以创新教材建设的体制机制为突破口，以实施教材精品战略、加强教材分类指导、完善教材评价选用制度为着力点。鼓励编写、出版适应不同类型高等学校教学需要的不同风格和特色的教材。而药学类高等教育的人才培养，有鲜明的行业特点，符合应用型人才培养的条件。编写具有行业特色的规划教材，有利于培养高素质应用型、复合型、创新型人才，是高等医药院校教学改革的体现，是贯彻落实《国家中长期教育改革和发展规划纲要（2010－2020年）》的体现。

二、教材编写树立精品意识，强化实践技能培养，体现中医药院校学科发展特色

本轮教材建设对课程体系进行科学设计，整体优化；根据新时期中医药教育改革现状，增加与高等中医药院校药学职业技能大赛配套的《中药传统技能》教材；结合药学应用型特点，同步编写与理论课配套的实验实训教材，独立建设《实验室安全与管理》教材。实现了基础学科与专业学科紧密衔接，主干课程与相关课程合理配置的目标；编写过程注重突出中医药院校特色，适当融入中医药文化及知识，满足 21 世纪复合型人才培养的需要。

参与教材编写的专家都以科学严谨的治学精神和认真负责的工作态度，以建设有特色的、教师易用、学生易学、教学互动、真正引领教学实践和改革的精品教材为目标，严把编写各个环节，确保教材建设精品质量。

三、坚持"三基五性三特定"的原则，与行业法规标准、执业标准有机结合

本套教材建设将应用型、复合型高等中医药院校药学类人才必需的基本知识、基本理论、基本技能作为教材建设的主体框架，将体现高等中医药教育教学所需的思想性、科学性、先进性、启发性、适用性作为教材建设灵魂，在教材内容上设立"要点导航、重点小结"模块对其加以明确；使"三基五性三特定"有机融合，相互渗透，贯穿教材编写始终。并且，设立"知识拓展、药师考点"等模块，和执业药师资格考试、新版《药品生产质量管理规范》（GMP）、《药品经营管理质量规范》（GSP）紧密衔接，避免理论与实践脱节，教学与实际工作脱节。

四、创新教材呈现形式，促进高等中医药院校药学教育学习资源数字化

本轮教材建设注重数字多媒体技术，相关教材陆续建设课程网络资源，藉此实现教材富媒体化，促进高等中医药院校药学教育学习资源数字化，帮助院校及任课教师在MOOCs 时代进行的教学改革，提高学生学习效果。前期建设中配有课件的科目可到中国医药科技出版社官网（www. cmstp. com）下载。

本套教材编写得到了教育部、国家食品药品监督管理总局和中国医药科技出版社全国高等医药教育教材工作专家委员会的相关领导、专家的大力支持和指导；得到了全国高等医药院校、部分医药企业、科研机构专家和教师的支持和积极参与，谨此，表示衷心的感谢！希望以教材建设为核心，为高等医药院校搭建长期的教学交流平台，对医药人才培养和教育教学改革产生积极的推动作用。同时精品教材的建设工作漫长而艰巨，希望各院校师生在教学过程中，及时提出宝贵的意见和建议，以便不断修订完善，更好的为药学教育事业发展和保障人民用药安全服务！

中国医药科技出版社
2014 年 7 月

　　《中药商品学实验实训》是中药类、药学、经营管理类等专业的专业课《中药商品学》的实验实训教学课程。《中药商品学实验实训》是中药商品学教学过程中的一个重要环节，是理论联系实际的重要途径。实验实训研究的对象为中药商品，包括：中药材、中药饮片及其炮制品、中成药。根据专业培养目标，本课程围绕中药商品学的研究任务和研究对象，紧密结合中药商品的特点、生产经营的需要，分为上篇中药商品学实验和下篇中药商品学实训两大部分。

　　上篇主要设计了富有中药商品特色的中药商品规格等级实验、中药商品道地特色实验、中药野生与栽培商品的鉴别实验；侧重中药商品杂质检测的中药商品灰分测定实验、中药商品水分测定实验、中药商品特定药用部位检查实验；检测中药商品质量的中药商品浸出物实验、中药商品薄层色谱实验；以及注重中药商品安全性的中药商品二氧化硫残留量检测实验、中药商品传统鉴别及理化实验等十三个重点实验项目。既突出了中药商品的特点又避免了与中药鉴定学实验的重复。可以供不同院校的不同实验课时自由选用。

　　下篇主要设计了七天左右的《中药商品学实训》课程内容，围绕中药商品学的研究任务，以国家级中药材市场为基地，进行中药材专业市场的全面考察。调研在流通领域中中药商品的种类、中药商品的质量、中药商品的价格变化、中药商品的市场行情；分析与评价市售中药商品的真伪、质量、规格等级，以及中药材市场在中药现代化进程中的历史作用。主要内容有中药材市场调研、中药GMP饮片厂考查、中药材GAP生产基地考查、特色中药商品专营调研，以及中药商品规格、性状鉴别强化训练等多项实训内容。

　　《中药商品学实验实训》的上下篇内容，可以作为一门实践课程、也可以作为两门课程分开使用，供不同院校的不同课程设置自由选用。希望通过实验实训，达到以下目标：①掌握中药商品纯度检查的基本技能和基本方法，能较为熟练的进行中药商品的纯度检查。②掌握常用中药商品鉴别的基本技能和基本方法，能对中药商品进行真伪优劣鉴别和正确描述。熟识常用中药商品。③熟悉中药商品优良度检查的基本技能和基本方法，能对中药商品进行常规的质量分析。④了解中药商品安全性检查和检测的基本内容与基本方法。⑤了解中药商品质量研究的新方法和实用技术。

　　《中药商品学实验实训》教学方式以学生动手操作为主，充分利用中药商品实验材料和多媒体课件资料等手段，激发学生动手、动脑、动口的积极性和主动性，使理论学习与实践操作紧密相结合，提高教学效果和学生的三基能力。

本书为全国高等中医药院校药学类"十二五"规划教材《中药商品学》的配套教材。由山东中医药大学、成都中医药大学、江西中医药大学、河南大学药学院、甘肃中医学院、贵阳中医学院的中药商品学专业教师结合各自的教学经验共同编写完成。上篇中药商品学实验的实验一、实验二由李昌勤编写，实验三、实验四由张芳编写，实验五至实验七由蒋桂华编写，实验八、实验九由曹岚编写，实验十、实验十一由李宝国编写，实验十二、实验十三由王明伟编写。下篇中药商品学实训由李峰编写。《中药商品学实验实训》由杨扶德负责合成统筹，最后由李峰负责统稿审校。

本教材适用于中药学、市场营销学、管理学、药学等专业开设《中药商品学》的配套使用，教学时可以根据不同学时的需要选择中药商品学实验或中药商品学实训分别使用。也可作为商品学、医学等相关专业的学习选用。还可以作为中药商品市场的购、销、储、运等生产工作的参考书。

由于时间短促，水平所限，本教材难免存在不妥之处，欢迎批评指正，以利于今后修改完善。

编　者

2014年5月

目录

CONTENTS

★下　篇　中药商品学实训

上 篇

中药商品学实验

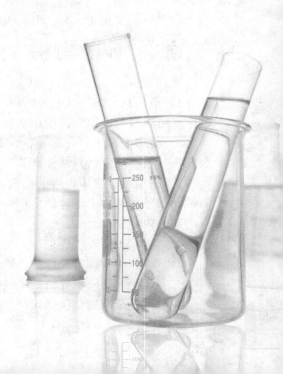

实验一 中药商品杂质检查

一、目的要求

1. 掌握中药商品中杂质检查的基本方法与原理。
2. 熟悉中药商品中杂质的类型以及杂质检查的意义。
3. 通过实验，分析实验样品的纯度是否符合国家标准。

二、实验原理

中药商品在采收加工运输过程中不可避免的要混入一些杂质，直接影响到药材的纯度。这些杂质一般系指：来源与规定相同，但其性状或部位与规定不符的物质；来源与规定不同的物质；无机杂质如泥沙、石块、尘土等。总的来说，杂质主要来源于三个方面：一是植物的非药用部位，二是药材在采收、加工、晾晒、运输、保管等过程中混入的异物，三是人为进行掺假。

药材的杂质检查一般是用手工分离并检测中药商品中混杂的外来物质、非药用部位或泥沙等肉眼可见杂质的检查方法，用以确定中药商品的纯净度。

中药商品中的杂质对于中药用量准确和服用有严重的不利影响，因此中药商品杂质检查对保证中药质量以及临床用药的安全性和有效性都有重要意义。

三、仪器与材料

1. 仪器 药物天平、放大镜、实体镜、标准药筛、显微镜、烧杯、扁形称量瓶、蒸发皿、水浴锅、干燥箱、玻璃棒等。
2. 材料 女贞子、番泻叶、五味子、丁香、小茴香、细辛等中药商品。

四、实验内容与操作方法

操作方法

1. 取药材100～500g，摊开，用肉眼或放大镜（5～10倍）观察，将杂质拣出；如其中有可以筛分的杂质，则用适当的筛子将杂质筛出。
2. 将各类杂质分别称重，计算杂质在所取药材中的含量（%），并依据《中国药典》现行版的规定，判断该商品是否合格。
3. 粉末状药材中泥沙的检查，取药材适量，用水漂去药材，剩余部分即为泥沙或石粒，干燥后称重，计算杂质在所取药材中的含量（%）。

实验内容

1. 女贞子 杂质主要包括果梗、萼片等。
2. 番泻叶 杂质主要包括叶轴、小枝、小叶片等。
3. 五味子 杂质主要包括果梗等。
4. 丁香 杂质主要包括花梗、泥沙等。

5. 小茴香 杂质主要包括果柜、萼片等。

6. 细辛 杂质主要包括地上部分、杂草、泥沙等。

五、要点及难点解析

1. 商品中混存的杂质如与正品相似，难以从外观鉴别时，可称取适量，进行显微、化学或物理鉴别试验，证明其为杂质后，计入杂质重量中。

2. 个体大的药材，必要时可破开，检查有无虫蛀、霉变或变质情况。

3. 杂质检查所用的供试品，除另有规定外，按药材和饮片取样法称取。

4. 《中华人民共和国药典》现行版的杂质限量：女贞子不得过3%；番泻叶不得过6%；五味子不得过1%；丁香不得过4%；小茴香不得过4%；细辛不得过1%。

5. 在不影响安全性的前提下，国家标准允许中药商品中存在一定限度范围的杂质。杂质的限量，即指所含杂质的最大允许量。

六、习题与作业

1. 写出中药商品中杂质的分类和来源。

2. 写出女贞子、番泻叶、五味子、丁香、细辛的杂质含量，并判断各药材中杂质是否符合《中国药典》现行版杂质检查的规定。

实验二 中药商品水分测定

一、实验目的

1. 掌握中药商品水分测定的基本方法与原理。

2. 熟悉中国药典规定的中药水分测定基本方法、原理及适用对象。

3. 了解水分测定在中药商品检查的意义。

4. 通过实验，分析实验样品的水分是否符合国家标准。

二、实验原理

药材和饮片中均含有一定比例的水分，但如果水分含量过高，会相对地减少了药材的实际用量，还易造成霉烂变质，甚至使药材有效成分发生化学变化，从而影响中药的治疗效果。水分含量过低，则药材没有光泽、商品形状较差且容易碎裂。因此，控制中药中的水分含量对于保证中药商品质量有密切关系。水分测定对于评价中药商品的质量有重要意义。

水分测定常用的四种方法：

1. 烘干法 是指将供试品在规定的条件下烘干，根据减失的重量，计算中药商品中的水分含量。减失的重量包括水分及少量挥发性成分。

2. 甲苯法 利用蒸馏的方法恒中药商品中的水分和挥发性成分随甲苯蒸汽蒸馏出来，经冷却后，水分与甲苯相互分离，而挥发性成分溶于甲苯中，可以直接读取样品中水分的含量。

3．减压干燥法 是将供试品置于减压干燥器内，用新鲜的五氧化二磷作为干燥剂吸收供试品的水分（减压至2.67kPa以下保持30min，室温放置24h）后，迅速称定重量，计算供试品中的水份含量。

4．气相色谱法 采用气相色谱仪，以无水乙醇作为溶剂，使供试品中的水分气化后进入色谱柱得到分离。含水量用外标法进行计算。

三、仪器与材料

1．仪器 药碾子、粉碎机、标准药筛、电子天平、电热鼓风干燥箱、电热套、圆底烧瓶、冷凝管、扁形称量瓶、试管、量筒、培养皿等。

2．材料 丹参药材或饮片，川芎药材或饮片。

四、实验内容与操作方法

1．丹参水分测定（烘干法）

（1）将丹参药材用粉碎机粉碎成直径不超过3mm的颗粒或碎片。

（2）取粉碎后的丹参药材2～5g，平铺于干燥至恒重的扁形称量瓶中，厚度不超过5mm，精密称定。

（3）打开瓶盖，在电热鼓风干燥箱中干燥5h，温度100℃～105℃。

（4）将瓶盖盖好，移至干燥器中冷却30min，精密称定。

（5）再在上述温度干燥1h，冷却，称重，至连续两次称重的差异不超过5mg为止。

（6）根据减失的重量，计算丹参药材中的含水量（%）。

2．川芎水分测定（甲苯法）

（1）将川芎用药碾子碾碎，过筛，取其粉末。

（2）取川芎粉末适量（约相当于含水量1～4ml），精密称定，置圆底烧瓶中，加甲苯约200ml，必要时加入干燥、洁净的沸石或玻璃珠数粒。

（3）将仪器各部分连接，自冷凝管顶端加入甲苯，至充满水分测定管狭细部分。将圆底烧瓶置电热套中缓缓加热，待甲苯开始沸腾时，调节温度，使每秒钟馏出2滴。

（4）测定管刻度部分的水量不再增加时，将冷凝管内部先用甲苯冲洗，再将管壁上附着的甲苯用适宜的方法推下，继续蒸馏5min，放冷至室温，拆卸装置。

（5）检读水量，并计算供试品中的含水量（%）。

用化学纯甲苯直接测定，必要时甲苯可先加水少量，充分振摇后放置，将水层分离弃去，经蒸馏后使用。

五、要点及难点解析

1．《中国药典》现行版中规定，丹参药材及饮片含水量不得超过13.0%，酒丹参含水量不得超过10.0%；川芎药材及饮片含水量不得超过12.0%。

2．每个供试品需做三个平行样。

3．《中国药典》现行版中水分测定法有四种，即烘干法、甲苯法、减压干燥法和气相色谱法。烘干法适用于不含或少含挥发性成分的中药；甲苯法适用于含挥发性成分的中药；减压干燥法适用于含有挥发性成分的贵重中药。

六、习题与作业

1. 写出生产运输过程中对药材水分含量高低的影响因素，并提出你认为可以降低该因素的方法。

2. 比较2010年版《中国药典》中四种水分测定方法的适用对象，并写出用外标法计算药材含水量的方法。

3. 计算所测出的丹参以及川芎的含水量，并判断是否符合《中国药典》2010年版的规定。

实验三　中药商品特定药用部位的检测

一、实验目的

1. 掌握中药商品中特定药用部位检测的基本方法。
2. 通过对中药商品特定药用部位的检测，培养学生制定中药商品性状质量标准的能力。

二、基本原理

中药商品特定药用部位的检测是指对中药商品某些特定的药用部位在检品中所占比例的检测。这些特定药用部位往往是指中药商品中药效物质富集的部位，特定药用部位的比例可以作为中药商品优良度的评价标准。

三、仪器与材料

1. **仪器** 天平、电子天平、实体镜、放大镜等。
2. **材料** 药材及饮片：薄荷、广藿香、穿心莲、生麦芽、生稻芽等。

四、实验内容与操作方法

称取一定量的中药商品药材或饮片，按要求将不同的部位分别称重，计算各部位所占的百分比。

基本内容

1. **薄荷** 药材或饮片中叶片含量的检查。
2. **穿心莲** 药材及饮片中叶片含量的检查。
3. **广藿香** 药材及饮片中叶片含量的检查。

选做内容

1. **麦芽** 取本品10g，摊成正方形，依对角线画"×"，取对角两份供试品，检查出芽粒数与总粒数，计算出芽率(%)。

2. 稻芽　取本品摊成正方形，依对角线画"×"，取对角两份供试品至约10g，检查出芽粒数与总粒数，计算出芽率(%)。

五、要点及难点解析

1. 中药商品药材药用部位的检测，首先要明确该药材的优质药用部位及所含的药效物质，并明确该部位的性状特征。

2. 薄荷油主要存在于叶片表面的腺鳞或腺毛中，所以，薄荷药材的叶中挥发油较多，药材质量一般以"叶多、色深绿、味清凉、香气浓者为佳"。《中国药典》现行版规定薄荷药材的"叶不得少于30%。"

3. 穿心莲药材的有效成分穿心莲内酯类苦味成分主要含于叶肉组织中，一般认为穿心莲药材质量应以"叶多、色绿、味苦者为佳"，《中国药典》现行版规定穿心莲药材的"叶不得少于30%"。

4. 广藿香的主要有效成分挥发油含于叶片的腺鳞、腺毛和细胞间隙腺毛中。一般认为广藿香药材以"叶多、香气浓者为佳"。《中国药典》现行版规定广藿香药材的"叶不得少于20%"。

5. 麦芽、稻芽的主要成分为淀粉酶，存在于发芽的颖果中，出芽率高，则药材质量好。《中国药典》现行版规定麦芽和稻芽药材的"出芽率不得少于85%"。

六、习题与作业

1. 总结中药商品特定药用部位检测的基本方法和适用对象。
2. 计算薄荷等药材特定药用部位的检测结果，分析各供试品的质量。

实验四　中药商品灰分测定

一、实验目的

1. 掌握丹参等中药商品中总灰分和酸不溶性灰分的含量测定方法。
2. 熟悉中药商品中总灰分和酸不溶性灰分测定的基本方法和适用对象。
3. 了解灰分含量与中药商品质量的关系。

二、基本原理

不同中药商品中灰分的含量均应有一定的范围，超出此范围，说明其含有较多的无机物或泥沙等杂质。药材商品中最常见的杂质是泥土、沙石。灰分测定主要用于检测中药商品中泥沙等杂质是否超出了规定的限量，以保证其纯度。

将中药商品粉末，经加热、高温炽灼至灰化，药材细胞组织及其内含物和外来杂质等的无机物成为灰分而残留，称之为总灰分。总灰分中一部分是供试品本身的生理灰分，另一部分则是附着于药材表面的泥沙。将总灰分加入稀盐酸处理，可以得到不溶于稀盐酸的砂石、泥土等硅酸盐类，称之为酸不溶性灰分。

三、仪器、材料及试剂

1. 仪器 标准药筛（二号筛）、小型粉碎机、分析天平、电炉、电阻炉、干燥器、干燥箱、水浴锅、坩埚、坩埚钳、移液管、表面皿、滴管、烧杯、漏斗等。

2. 材料 丹参、金银花商品药材粗粉。

3. 试剂 稀盐酸、1%硝酸银试液、三氯化铁醇溶液等。

4. 其他 定量滤纸、称量纸等。

四、实验内容与操作方法

1. 总灰分测定法 取供试品粉末（通过二号筛）3～5g，置炽灼至恒重的坩埚中,称定重量（准确至0.01g），缓缓炽热，注意避免燃烧，至完全炭化时，逐渐升高温度至500℃～600℃，使完全灰化并至恒重。称定残渣重量，计算供试品中总灰分的含量(%)。

如果供试品不易灰化，可将坩埚放冷，加热水或10%硝酸铵溶液2ml，使残渣湿润，然后置水浴上蒸干，残渣照前法炽灼，至坩埚内容物完全灰化。

2. 酸不溶性灰分测定法 取上项所得的灰分，在坩埚中小心加入稀盐酸约10ml，用表面皿覆盖坩埚，置水浴上加热10min，表面皿用热水5ml冲洗，洗液并入坩埚中，用无灰滤纸滤过，坩埚内的残渣用水洗于滤纸上，并洗涤至洗液不显氯化物反应为止。滤渣连同滤纸移至同一坩埚中，干燥，炽灼至恒重，称定残渣重量，计算供试品中酸不溶性灰分的含量(%)。

五、要点及难点解析

1. 供试品在测试前，需经粉碎并能通过二号筛，混合均匀后依法取样测定。

2. 每个供试品需做3个平行样。

3. 《中国药典》现行版中灰分限量：丹参药材总灰分不得过10.0%，酸不溶性灰分不得过3.0%；金银花药材总灰分不得过10.0%，酸不溶性灰分不得过3.0%。

六、习题与作业

1. 总结中药商品中灰分测定的主要方法和适用对象。

2. 简述丹参、金银花商品药材灰分测定的实验步骤。

3. 记录并分析实验结果，总结实验中发现的问题。

实验五 中药商品规格等级的划分

一、实验目的

1. 掌握中药商品规格等级划分的基本方法。

2. 熟悉中药商品划分规格等级的基本原则，培养制定中药商品外观质量标准的初步能力。

3. 了解规格等级与中药商品质量的相关性。

二、实验原理

中药商品既有药用性又有商品性，为了适应其商品性，在生产和流通领域，中药商品须按照质量的优劣划分规格、等级，以制定不同的价格便于在市场上进行商品交换。规格和等级划分的依据是国家和地方有关机构颁布的相关标准，这些标准沿用至今仍然是以外观质量和性状特征为主。研究中药商品规格等级划分的原则和方法，是中药商品学的重要任务。同时，也要研究修订现行的国家中药材规格等级标准，以适应市场的发展和中药商品经营管理的新要求。

中药材划分规格等级的类别：品名、规格、等级、统货。

中药材商品规格的划分标准主要有药材来源、产地、采集时间和生长期、产地加工方法、药用部位、药材外部形态、药材的老嫩程度等。

中药材商品等级的划分标准主要有药材的颜色、饱满程度、单位重量中所含药材的个数、单个药材的重量、药材大小、厚度以及纯净程度等。

三、仪器与材料

1. 仪器　放大镜、直尺、游标卡尺、刀片、搪瓷盘等。
2. 材料　牛膝、白芍、三七、麦冬、牡丹皮、杜仲、枸杞子等。

四、实验内容与操作方法

基本内容
按照部颁标准要求，划分以下商品的规格等级。
1. 根及根茎类　三七、牛膝
2. 皮类　杜仲
3. 果实种子类　枸杞子

选作内容
1. 根及根茎类　麦冬、白芍
2. 皮类　牡丹皮

五、要点及难点解析

1. 三七

规格：按照采收季节不同分为春三七、冬三七。

春三七有瘤头，身短，铜皮，铁心，体重质坚，击碎后皮部与木部常分离，味先苦后甜。表面灰黄色或黄褐色，断面灰褐色，质地坚实、饱满体重。

冬三七不同之处为表面灰黄色，多皱纹或抽沟，断面黄绿色，不饱满，体稍轻。

春三七优于冬三七。

等级：两种规格下均分了十三个等级，包括按照每kg的头数分等的一等40头（每kg 40头以内）、二等60头、三等80头、四等120头、五等160头、六等240头、七等320头、八等400头，九等大二外（每kg 500头以内）、十等小二外（每kg 600头以内）、十一等无数头（每kg 900头以内），以及按照药用部位分等的十二等筋条（较粗的支根）、十三等剪口（芦头）。

此外，市场上还有三七的细小支根及须根，商品上称为绒根。

2．牛膝

商品上又称怀牛膝。根据根长和直径分为头肥（一等）、二肥（二等）、平条（三等）三个等级，没有分规格。

头肥：根长50cm以上，中部直径0.6cm以上，根条均匀，没有冻条、油条、破条等。

二肥：根长35cm以上，中部直径0.4cm以上。余同一等。

平条：长短不分，中部直径0.4cm以下，不小于0.2cm，间有冻条、油条、破条等。

3．杜仲

规格：商品按照产地的不同分为川杜仲和汉杜仲两类。川杜仲主产于四川大巴山山脉及贵州娄山山脉者，品质最优，为道地药材。汉杜仲主产于陕西、湖北，而集散于汉口，品质亦佳。

等级：按照树皮的长宽、厚度、碎片的多少以及树皮的部位（干皮、枝皮、根皮）分为特等、一等、二等、三等和四等。杜仲以宽度和厚度为确定等级的主要标准，长度只作参考。等级标准为：

特等：呈平板状，两端平齐，去净粗皮。表面呈灰褐色，内表面紫褐色，质脆。折断处有银白色胶丝相连，味微苦。整张长70～80cm，宽50cm以上，厚7mm以上。碎块不超过10%。无卷形、杂质、霉变。

一等：整张长40cm以上，宽40cm以上，厚5mm以上。碎块不超过10%，余同特等。

二等：呈板片状或卷筒状，内表皮青紫色。整张长40cm以上，宽30cm以上，厚3mm以上。碎片不超过10%，余同一等。

三等：凡不符合特等及一、二等标准，厚度最薄不得小于2mm，包括枝皮、根皮、碎块，均属此等。

4．枸杞子

规格：商品上分宁夏枸杞、津枸杞（河北枸杞）、土枸杞等。宁夏枸杞味纯甜、颗粒大、种子少；河北枸杞味甜而带微酸；土枸杞粒小肉薄。

等级：按照每50g的粒数、颜色、甜度及油果的多少，宁夏枸杞分1～5等，津枸杞分1～3等。

宁夏枸杞

一等：呈椭圆形或长卵圆形。果皮鲜紫红或红色，糖质多。质柔软滋润，味甜，每50 g在370粒内。

二等：果皮鲜红或紫红色。每50 g在580粒内。其余同一等。

三等：果皮红褐色或淡红色。糖质较少，每50 g在900粒内。其余同一等。

四等：每50 g在1100粒内，油果不超过15%。其余同三等。

五等：色泽深浅不一，每50 g在1100粒以外，破子、油果不超过30%。其余同四等。

津枸杞

一等：呈类纺锤形，略扁。果皮鲜红或深红色。果肉柔软。味微酸。每50g在600粒以内。无油果、黑果。

二等：每50g在800粒以内，油果不超过10%。无黑果。其余同一等。

三等：果皮紫红色或淡红色，深浅不一，每50g在800粒以外，包括油果。无黑果。其余同二等。

六、习题与作业

1. 写出三七各规格等级标准的要求，记录三七等中药商品规格等级划分的结果。

2. 比较商品药材不同规格等级鉴别的主要特征，找出规格等级与中药商品质量的相关性。

实验六 中药商品道地性鉴别

一、实验目的

1. 掌握中药商品道地性鉴别的基本理论和基本方法；掌握陈列中药商品的道地性特征。

2. 熟悉中药道地性特征与中药商品质量的关系。

3. 比较道地药材与非道地药材的鉴别特征。

二、实验原理

中药材商品生产的地域性很强，实践证明中药材的质量与产地有着密切的关系，不同生境中药材商品的外观性状和内在质量具有很大的差异。中药材的道地性是影响其质量的重要因素之一，是判断中药材质量优劣的重要指标之一，药品经营企业销售中药材必须标明产地。中药材商品的道地性特征是中药经营管理过程中重要的外观质量标准，研究中药商品的道地性是中药商品学的重要任务之一。

三、仪器与材料

1. 材料 白芷类、麦冬类、菊花类、金银花类、枸杞子类、白芍类、龙胆类、北沙参类等药材商品。

2. 其他 直尺、刀片、搪瓷盘等。

四、实验内容与操作方法

基本内容

1. 白芷类 川白芷、杭白芷、亳白芷、祁白芷、禹白芷。

2. 麦冬类 浙麦冬、川麦冬。

3．菊花类　杭菊、贡菊、祁菊、滁菊、亳菊。

4．金银花类 济银花、密银花、河北银花。

5．枸杞子类 宁夏枸杞、津枸杞。

6．白芍类　杭白芍、川白芍、亳白芍。

选作内容

1．龙胆类　关龙胆、坚龙胆。

2．北沙参类　莱阳产北沙参、安国产北沙参。

操作方法

1．掌握以上各类药材商品的道地产地。

2．取道地药材及非道地药材标本，以眼观、直尺测量、手摸、鼻闻等方法，观察道地药材商品与其他非道地产区药材商品的主要性状特征，并以表格形式记录它们在形状、大小、颜色、表面、质地、断面、气味等方面的异同。

3．比较道地药材与其他非道地药材的主要性状特征，总结道地药材的外观特征，拟定各类道地药材商品的性状质量评价标准。

4．取供试药材商品，以同样方法观察其性状特征，根据道地药材商品的性状质量评价标准，判断其是否为道地药材商品。

五、要点及难点解析

1．白芷类

川白芷、杭白芷　根头部呈明显四方形，皮孔样突起排成四纵行，药材或饮片断面形成层类方形。

亳白芷、祁白芷、禹白芷　根头部明显圆柱形，皮孔样突起分散排列，药材或饮片断面形成层类圆形。

2．麦冬类

浙麦冬　纺锤形，表面黄白色，断面牙白色，中间有木心。质地柔软。味微甜，嚼之有黏性。

川麦冬　较细短，表面淡白色，质较坚硬，木心细软。味较淡，嚼之少黏性。

3．菊花类

亳菊　呈倒圆锥形或圆筒形，有时稍压扁呈扇形，离散。舌状花数层，类白色，劲直，上举，纵向折缩，散生金黄色腺点；管状花多数，为舌状花所隐藏，黄色。

滁菊　呈不规则球形或扁球形。舌状花类白色，不规则扭曲，内卷，边缘皱缩，有时可见淡褐色腺点；管状花大多隐藏。

贡菊　呈扁球形或不规则球形。舌状花白色或类白色，斜升，上部反折，边缘稍内卷而皱缩，通常无腺点；管状花少　外露。

杭菊　呈碟形或扁球形，常数个相连成片。舌状花类白色或黄色，平展或微折叠，彼此粘连，通常无腺点；管状花多数，外露。

4．金银花类

济银花　呈棒状，肥壮，表面黄白色，气清香，味甘微苦。

密银花　较短，一端膨大，表面淡绿色，花冠厚，质较硬，握之有顶手感。

河北银花　长而不平直，表面灰白色，质软。

5. 枸杞子类

宁夏枸杞　呈椭圆形或长卵圆形，长达21mm，红色或暗红色，基部有较大而明显的白色果柄痕。果皮厚，果肉多，味甘。

津枸杞　呈类纺锤形，略扁，个小，鲜红色，果肉少，皮薄，味甘微酸。

6. 白芍类

杭白芍　形圆条直，两端平齐。表面棕红色，光滑细腻，体坚，质重，断面类白色。

川白芍　条短而弯，两端不齐，头大尾细。表面粉红色，细腻光润，断面粉红色。

亳白芍　条细，顶有芦头。表面较粗糙，体轻质松，断面粉性小。

7. 龙胆类

关龙胆　表面淡黄色或黄棕色，上部多有显著的横皱纹，下部较细，有纵皱纹及支根痕。木部色较浅，呈点状环。

坚龙胆　表面无横皱纹，外皮膜质，易脱落，木部黄白色，易与皮部分离。

8. 北沙参类

莱阳产北沙参　根条细长，少分枝，色白，质地细密、坚实，粉性足。

安国产北沙参　根条较粗，分枝较多，质松，表面粗糙。

六、注意事项

1. 实验过程中，首先要全面而仔细地观察中药商品，注意不能漏掉某一方面，也不能以偏概全。

2. 不同类别的中药材商品在道地性鉴别方面各有其不同的显著特征。在实验过程中，初步观察完成后，要针对该药材显著的道地性外观特征，进行重点比较鉴别，归纳总结，并以表格形式清楚的记录下来。

七、习题与作业

1. 观察白芷、麦冬、菊花、金银花、枸杞子、白芍、龙胆、北沙参等道地与非道地产区药材商品标本在性状方面的主要特征，找出异同点，整理出道地与非道地产区药材商品标本性状特征比较表。

2. 通过比较，总结各类中药材商品的道地性特征，拟定出各类道地药材商品的性状质量评价标准。

3. 根据各类道地药材商品的性状质量评价标准，观察供试药材商品的性状特征，判断其是否为道地药材商品。

实验七　中药商品野生与栽培品的鉴别

一、实验目的

1. 掌握重点药材野生品和栽培品的鉴别方法。

2. 熟悉药材野生和栽培品鉴别的基本理论和方法，培养学生识别中药商品野生品与栽培品的初步能力。

二、实验原理

目前中药商品品种的80%、总产量的60%来源于野生，实践证明中药材的质量与野生与否有关系，野生和人工栽培对中药材商品的外观性状和内在质量均有一定的影响。研究中药商品的野生与栽培品的鉴别，是中药商品学的任务之一，也是中药经营管理过程中的外观质量标准。

三、材料

天麻、丹参、防风、秦艽、党参、黄芩、银柴胡、葛根等。

其他　显微镜、直尺、刀片、搪瓷盘等。

四、实验内容与操作方法

基本内容

天麻、防风、黄芩、银柴胡、葛根等几种药材的野生品和栽培品的鉴别。

选作内容

丹参、秦艽、党参等几种药材的野生品和栽培品的鉴别。

五、要点及难点解析

1. 天麻　本品为兰科植物天麻*Gastrodia elata Bl.*的干燥块茎。

	野生品	栽培品
形状	呈扁平长椭圆形	呈扁圆形而偏薄，多近似于长条形
表面	"冬麻"皱纹细而少，外观饱满，色黄白，半透明；"春麻"皱纹粗大，多有残留茎基，外皮多未去净，灰褐色	皱纹细而密，颜色偏白，较透明
断面	"冬麻"断面平坦，角质样，无中空；"春麻"断面常中空	断面平坦，角质样，无中空
质地	"冬麻"体厚、坚实，不易折断；"春麻"体轻、质松泡，易折断	质坚实，不易折断

2. 丹参　本品为唇形科植物丹参*Salvia miltiorrhiza Bge.*的干燥根和根茎。

	野生品	栽培品
形状	根数条，有的分枝并具须状细根	根较粗壮肥实，须根少
表面	表面棕红色或暗棕红色，粗糙，常呈鳞片状剥落	表面砖红色或红棕色，外皮紧贴不易剥落
断面	断面疏松，有裂隙，皮部棕红色，木部灰黄色或紫褐色	断面黄褐色或黄白色，较平整，略呈角质样
质地	质硬而脆	质坚实

3. 防风　本品为伞形科植物防风*Saposhnikovia divuricata* (Turcz.) Schischk.的干燥根。

	野生品	栽培品
形状	长圆锥形或长圆柱形，下部渐细，有的略弯曲	长圆柱形，常有分枝，直径0.6～1.2cm
表面	表面灰褐色至棕褐色，粗糙，有纵皱纹、多数有横长皮孔及点状突起的细根痕；根头部有明显密集的横环纹似蚯蚓头	表面棕黄色至浅棕褐色，有纵皱纹、多数有横长皮孔及点状突起的细根痕；根头部横环纹较少
断面	断面不平坦，皮部浅棕色，见多数棕色油点，有裂隙，木部浅黄色	断面不平坦，皮部浅黄棕色，棕色油点较少，有裂隙，木部浅黄色
气味	气特异，味微甘	气微，味微甘

4. 秦艽　本品为龙胆科植物秦艽*Gentiana macrophylla* Pall.、麻花秦艽*Gentiana straminea* Maxim.、粗茎秦艽*Gentiana crassicaulis* Duthie ex Burk.或小秦艽*Gentiana dahurica* Fisch.的干燥根。

	野生品	栽培品
形状	略呈圆锥形，多不分枝	主根粗大，中下部有分枝及多数须根
表面	表面灰黄色或棕黄色，较粗糙，有纵沟及横环纹，根头部膨大	表面灰黄色，较光滑，茎基粗大，叶鞘较多
断面	断面皮部棕黄色，木部黄色	断面皮部类白色，木部黄色
质地	质坚脆，易折断	质略硬，不易折断

5. 党参　本品为桔梗科植物党参*Codonopsis pilosula* (Franch.) Nannf.、素花党参*Codonopsis pilosula* Nannf.var.*modesta* (Nannf.) L.T.Shen或川党参*Codonopsis tangshen* Oliv.的干燥根。

	野生品	栽培品
表面	根头部"狮子盘头"明显，其下有致密的环状横纹，向下渐稀疏	根头部"狮子盘头"较小或不明显，其下环状横纹少或无

6. 黄芩　本品为唇形科植物黄芩*Scutellaria baicalensis* Georgi的干燥根。

	野生品	栽培品
形状	呈圆锥形，扭曲	长圆柱形或圆锥形，常有分枝
表面	表面棕黄色或深黄色，有稀疏的疣状细根痕，上部较粗糙，栓皮明显，有扭曲徒纵皱纹或不规则的网纹，下部有顺纹和细皱纹；撞去外皮药材表面棕黄色，有不规则网纹	表面土黄色、棕黄色或浅棕黄色，外皮紧贴，有细纵纹；撞去外皮药材，表面棕黄色，有纵向沟纹
断面	断面黄色，中间红棕色；老根中心枯朽状或中空，呈暗棕色或棕黑色	断面黄色或黄褐色，栽培3年以上者，上部有枯心。栽培1～2年者无枯心，断面黄褐色或棕褐色
质地	质硬而脆，易折断	质重坚硬，易折断
气味	气微，味苦	气微，味微苦

7. 银柴胡　本品为石竹科植物银柴胡*Stellaria dichotoma* L.var. *lanceolata* Bge.的干燥根。

	野生品	栽培品
形状	呈类圆柱形，偶有分枝，直径0.5～2.5cm	有分枝，下部多扭曲
表面	支根痕多具孔穴状或盘状凹陷，习称"砂眼"	细支根痕多成点状凹陷，几无砂眼
断面	从砂眼处折断可见棕色裂隙中有细砂散出，断面较疏松，有裂隙，木部有黄白色相间的放射状纹理	断面较紧致，几无裂隙，略成粉性，木部放射状纹理不明显

8. 葛根　本品为豆科植物野葛*Pueraria lobata* (Willd.) Ohwi的干燥根。

		野生品	栽培品
药材性状	形状	根呈长匾柱形	根呈长纺锤形或长圆柱形
	表面	表面灰棕色，有纵皱纹	表面黄棕色，见长横向皮孔
	横切面	棕褐色，纤维性，可见棕色同心性环纹	黄白色，可见淡棕色同心性环纹

续表

		野生品	栽培品
药材性状	质地	质韧，纤维性	体重，有粉性
	颜色	浅棕色至棕色	黄白色或浅棕色
粉末显微	晶鞘纤维束	众多	较少
	淀粉粒	较少或极少	众多

六、习题与作业

找出天麻等八种药材商品的栽培品和野生品特征区别点，归纳出野生品和栽培品比较的重点。

实 验 八　　中药商品性状鉴别一

一、实验目的

1. 熟悉中药商品性状鉴别的基本理论和基本方法，培养学生识别中药商品性状鉴别的常规观察与描述方法。

2. 掌握所陈列川药、广药、云药、贵药、怀药、浙药中药商品的性状特征和外观质量标准。

二、实验原理

1. 中药商品的性状鉴别，是经营管理活动中最常用的宏观鉴别方法，即用感官系统对中药商品进行鉴别的方法。

2. 中药商品的性状特征可从形状、大小、颜色、表面特征、质地、断面、气味等7个方面进行观察和描述，其中观察重点是形状、表面特征、断面和气味。

3. 采用眼观、口尝、鼻闻、手摸等简便方法，可以对中药商品进行鉴别，比较相似药材、完整药材、中药饮片及其炮制品的商品特征。

4. 通过观察，分析中药商品的主要商品特征、鉴别要点，检查其是否与有关标准相符，制定出中药商品的外观质量标准，为中药商品的经营管理提供依据。

5. 中药商品特征的描述，通常采用植物形态学、矿物学、动物学和经验鉴别术语相结合的方法。

三、仪器与材料

1. 仪器　解剖镜、刀片、小烧杯、培养皿、镊子、放大镜等。

2. 材料　实验前准备下列药材、饮片。

川药：川乌、川芎、川贝母、川木香、川木通、川牛膝、川射干、黄柏（关黄柏）、干姜、丹参、乌梅、半夏、石菖蒲、白芷、羌活、补骨脂、花椒、附子（川乌、草乌）、郁金、使君子、金钱草（广金钱草、连钱草）、姜黄、厚朴、独活、莪术、桃仁、续断、黄连、常山、鱼腥草。

广药：巴戟天、广地龙、广豆根、广陈皮、广藿香、土茯苓、化橘红、石决明、红大戟、红豆蔻、肉桂、佛手、肉豆蔻、鸡血藤、牡蛎、金樱子、金钱白花蛇、罗汉果、荜澄茄、降香、青皮、青果、青蒿、胡椒、骨碎补、草豆蔻、砂仁、钩藤、珍珠、穿心莲、高良姜、益智仁、海马、海龙、海桐皮、桂枝、桑寄生、槲寄生、蛤蚧、槟榔、樟脑。

云药：儿茶、三七、木香、木蝴蝶、竹黄、竹节参、苏木、草果、茯苓、香橼、荜茇、重楼、珠子参、萝芙木、雷丸。

贵药：山慈菇、天冬、天麻、天南星、五倍子、石斛、白及、杜仲、吴茱萸、南沙参、通草、黄精、猪苓、婆罗子、雄黄。

怀药：山药、千金子、牛膝、白附子、地黄、红花、辛夷、山茱萸、何首乌、菊花、旋覆花、款冬花。

浙药：女贞子、乌药、乌梢蛇、玄参、白术、白芍、白前、延胡索、麦冬、前胡、粉防己、浙贝母、绵萆薢、桑叶、海螵蛸、蜈蚣、僵蚕、覆盆子。

四、实验内容与操作方法

基本内容

观察下列中药材或饮片的性状特征，结合经验鉴别方法，简要概述其特征。

1. 川药　川芎、黄柏、丹参、花椒、附子、厚朴、黄连。
2. 广药　巴戟天、广陈皮、肉桂、肉豆蔻、罗汉果、砂仁、钩藤、穿心莲、益智仁、蛤蚧、槟榔。
3. 云药　三七、木香、茯苓。
4. 贵药　天麻、杜仲。
5. 怀药　山药、牛膝、地黄、红花、辛夷、何首乌、菊花。
6. 浙药　玄参、白术、白芍、延胡索、浙贝母。

选作内容

1. 川药　半夏、羌活、补骨脂、郁金、独活、莪术、桃仁、续断。
2. 广药　广藿香、土茯苓、石决明、鸡血藤、荜澄茄、降香、青果、青蒿、胡椒、桑寄生。
3. 云药　苏木、草果、荜茇、重楼。
4. 贵药　天冬、天南星、五倍子、石斛、白及、吴茱萸、南沙参、黄精、猪苓。
5. 怀药　白附子、山茱萸。
6. 浙药　女贞子、乌梢蛇、麦冬、粉防己、桑叶、蜈蚣、覆盆子。

五、要点及难点解析

1. 中药商品性状鉴别要点　形状、大小、表面、色泽、质地、折断面、气、味。
2. 药材商品、饮片及炮制品性状鉴别要点　切面、形状、颜色、周边、气味等。

六、习题与作业

1. 总结中药商品性状鉴别和描述的主要内容。
2. 描述陈列中药商品的主要特征。

实验九　中药商品性状鉴别二

一、实验目的

1. 熟悉中药商品按照药用部位分类的性状鉴别的内容和方法，培养学生根据药用部位进行中药商品的真伪优劣鉴别技巧。
2. 掌握所陈列南药、北药、关药、西药、进口药、中成药商品的性状特征和外观质量标准。

二、实验原理

1. 中药商品根据药用部位的不同，可分为根及根茎类、茎木类、皮类、叶类、花类、果实种子类、全草类、藻菌类、树脂类、其他类、动物类、矿物类。通过观察南药、北药、关药、西药、进口药的商品特征，将其进行药用部位的归纳。
2. 中成药的不同剂型。

三、仪器与材料

1. 仪器　解剖镜、刀片、小烧杯、培养皿、镊子、放大镜等。
2. 材料　实验前准备下列药材。

南药：大青叶、木瓜、太子参、车前子、艾叶、玉竹、龟甲、决明子、百合、百部、合欢皮、苍术、牡丹皮、泽泻、虎杖、荆芥、香薷、枳壳、栀子、威灵仙、射干、桑白皮、莲子、密蒙花、葛根、蕲蛇、薄荷、蟾酥。

北药：山楂、小茴香、王不留行、北沙参、瓜蒌、金银花、连翘、地骨皮、肉苁蓉、远志、苍耳子、赤芍、阿胶、板蓝根、苦杏仁、知母、柏子仁、香加皮、香附、党参、柴胡、黄芩、黄芪、菟丝子、蛇床子、麻黄、葶苈子、紫菀、锁阳、槐花、滑石、酸枣仁、全蝎、蝉蜕、漏芦。

关药：人参、五味子、牛蒡子、升麻、龙胆、白头翁、白鲜皮、西洋参、地榆、平贝母、黄柏、防风、细辛、桔梗、鹿茸。

西药：大黄、牛黄、甘草、伊贝母、当归、沙苑子、阿魏、枸杞子、茵陈、茜草、独一味、秦艽、秦皮、银柴胡、淫羊藿、紫草、硼砂。

进口药：丁香、马钱子、血竭、安息香、豆蔻、沉香、苏合香、没药、乳香、胖大海、番泻叶、番红花、檀香。

四、实验内容与操作方法

观察下列中药材或饮片的性状特征，根据其药用部位的不同进行分类，并陈述其分类依据。

基本内容

1. 根及根茎类　观察形状、大小、颜色、表面特征、质地、横折断面（或横斜切面）、气味等。

商品药材：太子参、玉竹、百合、百部、苍术、泽泻、虎杖、威灵仙、射干、葛根、北沙参、远志、赤芍、板蓝根、知母、香附、党参、柴胡、黄芩、黄芪、紫菀、人参、升麻、龙胆、白头翁、西洋参、地榆、平贝母、防风、细辛、桔梗、大黄、甘草、伊贝母、当归、茜草、秦艽、银柴胡、淫羊藿、紫草饮片或炮制品。

2. 茎木类　观察形状、大小、粗细、表面（或周边）、颜色、质地、折断面（或横斜切面）、气味等。

商品药材：沉香、檀香饮片或炮制品。

3. 皮类　首先区分是茎皮、枝皮还是根皮，再观察形状、外表面、内表面、厚薄、质地、断面（或切面）、气味等。

商品药材：合欢皮、桑白皮、牡丹皮、地骨皮、香加皮、白鲜皮、关黄柏、秦皮饮片或炮制品。

4. 叶类　观察类型、状态、叶片、叶柄等特征。叶片的形状、大小、颜色、表面特征、质地、叶缘、叶端、叶基、叶脉、叶柄等。

商品药材：大青叶、番泻叶饮片。

5. 花类　观察花萼、花冠、雄蕊群、雌蕊群等特征，花序观察类型、形状、苞片、小花数目等；还要观察形状、大小、颜色、表面特征、质地、气味等。必要时可浸软后观察。

商品药材：密蒙花、金银花、番红花、丁香饮片。

6. 果实种子类　要观察形状、大小、颜色、表面特征、气味等。含有种子的果实可破开后按种子的鉴别顺序进行观察描述，并要注意种脐、种脊、合点、种阜、假种皮等特征。

商品药材：车前子、决明子、枳壳、栀子、莲子、山楂、小茴香、王不留行、苍耳子、苦杏仁、柏子仁、菟丝子、蛇床子、葶苈子、牛蒡子、马钱子、沙苑子、胖大海饮片或炮制品。

7. 全草类　首先根据根茎叶花果实种子等分类，然后分别观察形状、大小、颜色、表面特征、质地、横斤断面（或横斜、切面）、气味等。不同部位再分别观察描述。

商品药材：香薷、薄荷、麻黄、茵陈、锁阳饮片或炮制品。

8. 藻菌树脂及其他类　首先根据形状、颜色、气味等区分来源、然后观察形状、大小、颜色、表面特征、质地、断面、气味等。

商品药材：血竭、安息香、苏合香、没药、乳香、五倍子饮片或炮制品。

9. 动物药类　观察形状、大小、颜色、表面特征、质地、断面、气味等。

商品药材：龟甲、蕲蛇、蜂蜜、阿胶、蟾酥、全蝎、蝉蜕、鹿茸、牛黄饮片或炮制品。

10. 矿物药类　观察形状、颜色、硬度、表面特征、解理、断口、光泽、条痕、气味等。

商品药材：滑石、硼砂、赭石饮片或炮制品。

五、要点及难点解析

1. 按照药用部位不同对药材、饮片进行分类鉴别。

2. 各类中药商品观察要点：

根及根茎类：形状、表面特征、横折断面、气、味。

茎木类：表面纹理、颜色、断面、气、味。

皮类：内外表面、横折断面、气、味。

花类：药用部位、花序的类型、形状、颜色、表面特征、气、味。

果实种子类：药用部位、形状、颜色、表面特征、气、味。

全草类：药用部位、形状、颜色、表面特征、气、味。

藻菌树脂及其他类：药用部位、形状、表面特征、气、味。

动物药类：形状、表面特征、质地、断面、气、味。

六、习题与作业

1. 总结中药商品按照药用部位不同进行分类描述和性状鉴别的主要内容。

2. 描述陈列中药商品的主要特征。

实验十　中药商品理化定性鉴别

一、实验目的

1. 掌握大黄等重点中药商品的理化定性鉴别方法与鉴别特征。

2. 熟悉中药商品理化定性鉴别的常用方法。

3. 了解龙胆等一般中药商品的理化定性鉴别。

二、基本原理

中药商品的理化定性鉴别，是利用中药商品物理或化学的特性来鉴别的一种方法，例如中药商品所含的某些化学成分能够与特定的试剂产生不同的颜色、结晶、沉淀，或遇水、火可以产生特殊现象等。或其产生的荧光、可见–紫外及红外光谱等均可作为中药商品专属性的鉴别特征。常用的理化定性鉴别方法主要有：微量升华法、显微化学法、化学反应法（显色、沉淀等）、水试和火试法、荧光、可见–紫外及红外光谱法等。

1. 微量升华法　是利用某些化学成分，在一定温度下能够升华的性质，镜检升华物的结晶形状、颜色及化学反应作为鉴别特征。适用于含有升华物质成分的中药商品鉴定。

2．**显微化学法** 是将中药商品的粉末、切片或提取物，置于载玻片上，加某些试剂能产生沉淀、结晶或特殊颜色，在显微镜下观察进行鉴别的一种方法。

3．**化学反应法**

（1）显色反应：是利用中药商品某些化学成分能与某些试剂产生特殊的颜色反应来鉴别。

（2）沉淀反应：是利用中药商品某些化学成分能与某些试剂产生特殊的沉淀反应来鉴别。

4．**水试法** 是利用某些中药商品遇水后产生各种特殊的变化或现象进行鉴别。

5．**火试法** 是利用某些中药商品遇火后所发生特殊的现象进行鉴别。如闪光、烟雾、气味、响声等。

6．**荧光法** 是利用中药商品的某些化学成分（通常具有共轭双键或芳香环），在一定波长光线照射下，能产生一定颜色的荧光性质进行鉴别。可对中药商品的表面、新鲜断面、粉末、提取物等进行荧光鉴别。

7．**紫外–可见光谱法** 是通过中药商品所含的物质成分在特定波长或一定波长范围内光的吸收度，对其进行定性和定量分析的方法。凡化学物质在紫外光区（200～400nm）或可见光区（400～760nm）有最大吸收的中药商品，均可利用该法进行鉴定。可见光区可适用于本身具有颜色、或在一定条件下经处理或能与显色试剂显色的化学成分的测定；紫外光区不仅能测定有色物质，而且对有共轭双键、芳香环或发色基团的无色物质也能精确测定。

8．**红外光谱法** 是利用红外辐射能使物质分子内部产生振动和转动，从而引起对特定频率红外辐射的选择性吸收，形成特征性很强的红外吸收光谱。

三、仪器、材料与试剂

1．**仪器** 分析天平、生物显微镜、紫外分析仪（365nm、254nm）、紫外–可见分光光度计、红外分光光度计、溴化钾压片机、水浴锅、微量升华装置、加热回流提取装置、超声波提取器、电炉、载玻片、盖玻片、研钵、白瓷板、蒸发皿、试剂瓶、量筒、滴管、漏斗、三角瓶、烧杯、玻璃棒、具塞试管、试管、试管架等。

2．**材料** 大黄、牡丹皮、薄荷叶、黄连、槟榔、牛膝、甘草、天麻、茯苓、猪苓、五倍子、龙胆、蟾酥、朱砂、青黛、自然铜、苦参、苦杏仁、马钱子、乳香、没药、石膏、血竭、冰片、茜草、补骨脂、芦荟、香加皮、赤芍、板蓝根、黑顺片及白附片、秦皮、黄柏、珍珠、当归、麻黄、牛黄解毒片等。

3．**试剂** 氢氧化钠试液、氢氧化钾试液、三氯化铁醇溶液、三氯化铁试液、新配制的1%香草醛硫酸溶液、硝酸、30%硝酸、80%硫酸、浓硫酸、5%硫酸溶液、稀盐酸、盐酸–硝酸（3∶1）的混合溶液、冰醋酸、醋酐、1%钒酸铵硫酸溶液、5%没食子酸乙醇溶液、碘试液、碘化钾试液、碘化钾碘试液、碘化铋钾试液、10%酒石酸锑钾溶液、甲醇、乙醇、三氯甲烷（氯仿）、氯化钡试液、铵盐、醋酸铅试液、蒸馏水、香草醛结晶、含氯石灰、二甲氨基苯甲醛固体、乙醚、氨、硼砂、0.25mol/L硫酸液、溴化钾（压片用）。

4．其他 滤纸、三硝基苯酚试纸、pH试纸、称量纸、圆形滤纸、白纸、石棉网、火柴、铁丝等。

四、实验内容与操作方法

1．微量升华法
基本内容

（1）大黄：取粉末少量，进行微量升华，低温得黄色针状结晶，高温得羽毛状结晶。加碱试液，结晶溶解并显红色。

（2）牡丹皮：取粉末少量，进行微量升华，升华物为长柱状、针状、羽状结晶。滴加三氯化铁醇溶液，结晶溶解呈暗紫色。

选作内容

（1）薄荷叶：取薄荷叶粉末，进行微量升华，得油状物，加硫酸2滴及香草醛结晶少许，初显黄色至橙黄色；再加蒸馏水1滴，即变紫红色。

（2）牛黄解毒片：取供试品1片，研细，进行微量升华，升华物白色，加新配置的1%香草醛硫酸溶液1~2滴，液滴边缘渐显玫瑰红色。

2．显微化学法
基本内容

（1）黄连：取粉末或薄切片置载玻片上，加乙醇1~2滴、30%硝酸1滴，加盖玻片，放置片刻，镜检。有淡黄色针状或针簇状结晶析出。加热，结晶消失，并显红色。

（2）槟榔：取粉末0.5g，加水3~4ml，5%硫酸液1滴，微热数分钟，滤过，取滤液1滴于载玻片上，加碘化铋钾试液1滴，即显混浊，放置。镜检，有石榴红色球晶或方晶产生。

选做内容

马钱子：取干燥种子的胚乳切片，加1%钒酸铵硫酸溶液1滴，胚乳即显紫色。加发烟硝酸1滴，胚乳即显橙红色。

3．化学反应法
基本内容

（1）甘草：取粉末置白瓷板上，加80%硫酸1~2滴，显橙黄色。

（2）苦参：取饮片，加氢氧化钠试液数滴，栓皮即成橙红色，渐变成血红色，久置不消失。木质部不呈颜色反应。

（3）黄连：取粗粉约1g，加乙醇10ml，加热至沸腾，放冷，滤过。取滤液5滴，加稀盐酸1ml与含氯石灰少量，即显樱红色；另取滤液5滴，加5%没食子酸乙醇溶液2~3滴，蒸干，趁热加硫酸数滴，即显深绿色。

（4）天麻：取粉末约1g，加水10ml，浸渍4h，随时振摇，过滤。滤液加碘试液2~4滴，显紫红色或酒红色。

（5）苦杏仁：取种子数粒捣碎，取约0.1g置试管中，加水湿润，试管中悬1条三硝基苯酚试纸，加塞，温浴10分钟，试纸显砖红色。

（6）茯苓和猪苓：取饮片或粉末，加碘化钾碘试液1滴，茯苓显深红色；猪苓显棕褐色。

（7）冰片：取本品10mg，加甲醇数滴使溶解，加新制的1%香草醛硫酸溶液1～2滴，即显紫色。

（8）五倍子：取粉末0.5g，加水4ml，微热，滤过。取滤液1ml，加三氯化铁试液1滴，即生成蓝黑色沉淀；另取滤液1ml，加10%酒石酸锑钾溶液2滴，即生成白色沉淀。

选做内容

（1）龙胆：取粉末2g，加甲醇10ml，冷浸过夜，滤过。滤液浓缩至4ml，取2ml，加酸酸化，再滴加碘化铋钾试液呈橘红色沉淀。

（2）蟾酥：取粉末0.1g，加甲醇5ml，浸泡1h，滤过。滤液加二甲氨基苯甲醛固体少量，滴加硫酸数滴，即显蓝紫色。取粉末0.1g，加三氯甲烷5ml，浸泡1h，滤过。滤液蒸干，残渣加醋酐少量使溶解，滴加硫酸，初显蓝紫色，渐变为蓝绿色。

（3）朱砂：取粉末2g，加盐酸-硝酸（3∶1）的混合溶液2ml使溶解，蒸干，加水2ml使溶解，滤过。①滤液加氯化钡试液，产生白色沉淀，沉淀不溶于盐酸或硝酸；滤液加醋酸铅试液，产生白色沉淀（硫酸盐）。②滤液加氢氧化钠试液，产生黄色沉淀；调整滤液至pH7，加碘化钾试液，产生猩红色沉淀，加过量碘化钾试液则猩红色沉淀溶解；再加氢氧化钾试液碱化，使铵盐产生红棕色沉淀（汞盐）。

4．水试、火试法

基本内容

（1）牛膝：取粉末0.5g，置试管内，加水10ml，激烈振摇，可产生持续性泡沫。

（2）苦杏仁：取种子数粒，加水共研，即产生苯甲醛的特殊香气。

（3）乳香和没药：取乳香加水研磨，成白色乳状液；取没药加水研磨则成黄棕色乳状液。

（4）血竭：取颗粒置白纸上，用火烘烤则熔化，但无扩散的油迹；对光透视呈血红色；火燃烧则发生呛鼻烟气。

（5）青黛：取粉末少量，用火灼烧，产生紫红色烟雾。

（6）蟾酥：取断面沾水，放置，即呈乳白色隆起。

选做内容

（1）石膏：取碎块少量，置于具小孔软木塞的试管中，灼烧，管壁有水生成，小块变为不透明体。

（2）自然铜：灼烧产生蓝色火焰，并产生二氧化硫的刺激性气体。

5．荧光鉴别

基本内容

（1）大黄：取稀乙醇浸出液点于滤纸上，置紫外光灯（365nm）下观察，显棕红色荧光。不得显持久的亮紫色荧光。

（2）板蓝根：取水煎液，置紫外光灯（365nm）下，显蓝色荧光。

（3）秦皮：取秦皮少许，加水浸泡，浸出液在日光下可见碧蓝色荧光。

（4）黄柏：取折断面，置紫外光灯（365nm）下观察，显亮黄色荧光。

（5）补骨脂：取补骨脂的乙醇浸出液点于滤纸上，挥干后，置紫外光灯（254nm）下观察，可见斑点边缘为蓝紫色，中央为暗红色；熏氨后，边缘亮蓝色，中央灰棕色。

（6）珍珠：取本品置紫外光灯(365nm)下观察，显浅蓝紫色或亮黄绿色荧光，通常环周部分较明亮。

选做内容

（1）当归：取当归药材断面，置紫外光灯（254nm）下观察，药材皮部显蓝色荧光，木部显紫蓝色荧光。取本品粗粉0.5g，加70%乙醇10ml，浸渍30min，不断振摇，倾上清液点于滤纸上，待干后，置紫外光灯（254nm）下观察，显蓝色荧光斑点。

（2）茜草：取粉末0.2g，加乙醚5ml，振摇数分钟，滤过，滤液加氢氧化钠试液1ml，振摇，静置使分层，水层红色，醚层无色，置紫外光灯（365nm）下观察，显天蓝色荧光。

（3）麻黄：取麻黄茎纵剖面置于紫外光灯（365nm）下，边缘亮白色荧光，中心显亮棕色荧光。

（4）芦荟：取粉末0.5g，加水50ml，振摇，滤过。取滤液5ml，加硼砂0.2g，加热溶解，取溶液数滴，加水30ml，摇匀，显绿色荧光；置紫外光灯（365nm）下观察，呈亮黄色荧光。再取滤液2ml，加硝酸2ml，摇匀，库拉索芦荟显棕红色，好望角芦荟显黄绿色。

6．紫外光谱法

基本内容

黑顺片及白附片：取粗粉4g，加乙醚30ml与氨试液5ml，振摇20min，滤过。滤液置分液漏斗中，加0.25mol/L硫酸液20ml，振摇提取，分取酸液，水稀释，照紫外-可见分光光度法测定，在231nm和274nm处有最大吸收。

选做内容

香加皮：取粉末1g，加乙醇10ml，加热回流1h，滤过。置于25ml量瓶中，加乙醇至刻度。照紫外-可见分光光度法测定，在278±1nm处有最大吸收。

7．红外光谱法

基本内容

血竭：取进口血竭（皇冠牌或手牌）的乙醚提取物，测定其红外光谱，特征吸收峰为1120cm^{-1}、1610cm^{-1}。

选做内容

赤芍：取赤芍粉末2.0mg（过200目筛），采用溴化钾压片法测定红外光谱，在1530cm^{-1}处有特征吸收峰。

五、要点及难点解析

中药商品的理化定性鉴别是常用的鉴别方法，应选取中药商品的药效成分或特征性成分等作为鉴别指标，所选择的实验内容应有专属性，所设计的实验步骤应简便、快捷，实验结果应灵敏、准确，具有较好的重现性和稳定性。

六、习题与作业

1. 简述中药商品理化定性鉴别的基本方法。
2. 记录大黄等中药商品理化定性鉴别的方法、步骤、结果，并进行分析。

3．总结实验中出现的问题及心得体会。

实验十一　中药商品粉末显微鉴别

一、实验目的

1．掌握代表性中药商品粉末显微鉴别的要点。
2．熟悉中药商品粉末以及中成药类显微鉴别的基本理论与基本方法。
3．了解粉末显微鉴别特征的描述方法及常用的显微技术。

二、基本原理

粉末显微鉴别是利用显微镜和显微技术对粉末状中药商品进行分析鉴别的常用方法之一。通过中药商品粉末中的细胞及其内含物形状、性质等，可以鉴别中药商品的品种、纯度和质量。

以粉末药材生产的成方制剂，可以把成方原料药的显微特征作为鉴别中成药的依据。鉴别时应注意组方、粉末药材的粉碎度、剂型、制法等；按处方分析、专属性特征确定、制片、显微分析、供试品鉴别等步骤进行检验。

三、仪器、材料与试剂

仪器：生物显微镜、镊子、解剖针、放大镜、酒精灯、载玻片、盖玻片、小型粉碎机、标准药筛、广口试剂瓶等。

材料：黄连、大黄、甘草、厚朴、牡丹皮、金银花、五味子、薄荷叶、茯苓、羚羊角、朱砂、苍术等粉末；六味地黄丸、九味羌活丸。

试剂：水合氯醛试液、稀甘油、甘油醋酸试液、间苯三酚试液、浓盐酸、稀碘液、氯化锌碘试液、α-萘酚试液、浓硫酸等。

其他：吸水纸、滤纸、火柴、标签、牙签、擦镜纸等。

四、实验内容与操作方法

取各中药商品粉末少许，加水、稀甘油或水合氯醛试液，分别制片，镜检。

1．植物类中药商品

（1）根及根茎类中药商品

基本内容

①大黄：粉末淡黄棕色。草酸钙簇晶棱角大多短钝。网纹和具缘纹孔导管非木化或微木化。淀粉粒单粒呈圆球形，脐点大多呈星状，复粒2~7分粒。

②甘草：粉末淡棕黄色。纤维壁厚，周围薄壁细胞含草酸钙方晶，形成晶鞘纤维。草酸钙方晶多见。具缘纹孔导管。木栓细胞红棕色。棕色块状物。

选做内容

①黄连：粉末深棕黄色。石细胞鲜黄色，类圆形、类方形，壁厚、层纹明显。韧

皮纤维鲜黄色，纺锤形，壁厚，孔沟粗。鳞叶表皮细胞绿黄色或淡黄棕色，长方形，壁微波状或连珠状增厚。

②人参：粉末淡黄白色。树脂道碎片、草酸钙簇晶、木栓细胞、导管、淀粉粒。

③党参：粉末黄白色。木栓石细胞、乳汁管、菊糖、淀粉粒、木栓细胞及导管。

④天麻：粉末黄白色。厚壁细胞、草酸钙针晶束、糊化多糖颗粒、导管。

（2）皮类中药商品

基本内容

①厚朴：粉末棕色。纤维壁厚木化、石细胞类方形或不规则分枝状、油细胞椭圆形或类圆形。

②黄柏：粉末绿黄色或黄色。纤维、晶鞘纤维、草酸钙方晶、石细胞、黏液细胞。

选做内容

牡丹皮：粉末淡红棕色。草酸钙簇晶多，有时无色含晶细胞排列成行，木栓细胞长方形，壁稍厚，浅红色，淀粉粒极多。

（3）花、果实种子类中药商品

基本内容

①金银花：粉末淡黄白色。腺毛2种，头部倒圆锥形或类圆形，柄部多细胞。非腺毛2种，单细胞，厚壁或薄壁。花粉粒圆形，外壁有细密短刺及颗粒状雕纹，三孔沟。草酸钙簇晶细小。

②五味子：粉末暗紫色。种皮表皮石细胞表面观多角形，大小均匀，壁厚，孔沟极细密。种皮内层石细胞多角形、类圆形，纹孔较大。果皮表皮细胞类多角形，垂周壁略呈连珠状增厚，平周壁角质线纹放射状；散有油细胞。

选做内容

槟榔：粉末红棕色至淡棕色。内胚乳细胞、种皮石细胞、外胚乳细胞。

（4）全草、菌类中药商品

基本内容

①草麻黄：粉末黄绿色。表皮细胞及角质层、内陷气孔、纤维及嵌晶纤维、导管、棕色块。

②茯苓：粉末灰白色。不规则颗粒状团块及分枝状团块无色，遇水合氯醛及碱液渐溶化。菌丝无色或淡棕色，细长，有分枝。

选做内容

①薄荷叶：粉末淡黄绿色。腺鳞头部顶面观圆形，8细胞，柄单细胞。小腺毛头部单细胞，柄1～2个细胞。非腺毛1～8细胞。叶表皮细胞中含黄色橙皮苷结晶。气孔直轴式。

②青蒿：表面制片。表皮细胞、气孔、非腺毛、无柄腺毛。

2．动物、矿物类中药商品

基本内容

①羚羊角：粉末类白色。无色碎块，微透明，均匀分布多数近平行排列的纵向空隙，长圆形、新月形、长条形或裂隙状，极少见色素颗粒。

②朱砂：粉末红色。不规则颗粒大小不一，鲜红色或红棕色，边缘不透明。

选做内容

①珍珠：粉末类白色。不规则碎块，具重叠薄片层结构。

②蛤蚧：粉末淡棕色。近无色鳞片、皮肤碎片、横纹肌纤维和骨碎片。

③石膏：粉末白色。无色块片，边缘平直，具平行纵直纹理。

3．中成药类商品

按中成药的制片方法分别制片观察，必要时与单味药材粉末对照。

基本内容

六味地黄丸：山药淀粉粒；茯苓无色团块、菌丝；熟地黄薄壁组织及内含物；山茱萸果皮表皮细胞；牡丹皮草酸钙簇晶；泽泻薄壁细胞及纹孔群。

选作内容

九味羌活丸：白芷淀粉粒；防风油管；甘草晶纤维；黄芩韧皮纤维；地黄薄壁组织及内含物等。

五、要点及难点解析

1．粉末显微制片技术

粉末显微制片要根据观察对象进行选择。①用水、稀甘油或甘油醋酸试液制片：可以观察淀粉粒、糊粉粒等；②用不同浓度的乙醇制片，主要用于观察菊糖、橙皮苷结晶、黏液细胞等；③用水合氯醛试液加热制片，可以观察各种细胞碎片及结晶体等；水合氯醛试液不加热制片，可以观察菊糖、橙皮苷结晶等。

2．粉末特征的描述方法

描述中药商品的显微特征时，一般遵循"先多数后少数，先特殊后一般"的原则。即先描述多见、易见或特殊的显微特征，后描述少见或一般的显微特征，往往比较特殊的显微特征可能就是该供试品的专属性鉴别特征。

中成药显微特征的描述常常依据水溶性或无定型物质（动物分泌物、茯苓团块）、细胞内含物（淀粉粒、菊糖、草酸钙结晶等）、细胞碎片（石细胞、纤维、薄壁细胞、花粉粒、毛茸、分泌组织）、其他（块状物、矿物碎片等）的顺序进行描述。

3．中成药显微鉴别的步骤

（1）处方分析：根据供试品的处方，明确各原料药的品种和药用部位。

（2）确定专属性特征：对各组成药材的粉末特征进行分类分析，排除某些类似显微特征的干扰和影响，选取并确定各药在该成药中的专属性特征，作为鉴别依据。

（3）显微制片：散剂及胶囊剂制片方法同粉末药材；蜜丸可从中部切开，从切面中央挑取少量制片；水泛丸、片剂或锭剂，可刮取全切面取样或研粉取样；包衣丸、丹或片，可将丸衣和丸心分别制片。

（4）供试品的显微分析及鉴别。

六、习题与作业

1．绘制大黄等重点中药商品粉末图，并描述主要显微特征。

2. 绘制六味地黄丸的显微特征图，描述主要显微特征。

3. 总结各类中药商品粉末中常见的细胞及细胞内含物的显微特征。

4. 总结中成药显微鉴别的方法、步骤及注意点。

实 验 十 二　　中药商品浸出物含量测定

一、实验目的

1. 掌握中药商品浸出物含量测定的基本理论和基本操作方法，培养学生掌握药材内在质量评价操作基本技能。

2. 掌握水溶性浸出物测定法和醇溶性浸出物测定法。

3. 了解挥发性醚浸出物测定法。

二、实验原理

浸出物指用水或其他适宜的溶剂对药材和饮片中可溶性物质进行测定，包括水溶性浸出物、醇溶性浸出物、挥发性醚浸出物。以药材浸出物的含量作为其质量标准的测定，一般用于该药材的活性成分或指标性成分不清或含量很低或尚无精确的定量方法时采用。

中药商品的有效成分地域性很强，实践证明中药材的质量与产地有着密切的关系，不同生境中药材商品的外观性状和内在质量具有很大的差异。中药商品的浸出物含量测定，是中药商品质量评价的方式之一，也是中药经营管理过程中重要的内在质量标准。

三、仪器与材料

1. 仪器　冷凝管、蒸发皿、铁架台、铁夹、漏斗、振荡器、干燥器、干燥箱、水浴锅、电热套、电炉、石棉网、锥形瓶（100~150ml）、移液管（25ml）、分析天平（0.0001g）、分析定性滤纸等。

2. 材料　大黄、当归、黄芪、丹参、淫羊藿等。

3. 试剂　乙醇、甲醇、正丁醇、乙醚等。

四、实验内容与操作方法

基本内容

1. 水溶性浸出物测定法

（1）热浸法：取供试品约2~4g，精密称定，置100~250ml的锥形瓶中，精密加水50~100ml，密塞，称定重量，静置1小时后，连接回流冷凝管，加热至沸腾，并保持微沸1h。放冷后，取下锥形瓶，密塞，再称定重量，用水补足减失的重量，摇匀，用干燥滤器迅速过滤，精密量取滤液25ml，置已干燥至恒重的蒸发皿中，在水浴上蒸干后，于105℃干燥3h，置干燥器中冷却30min，迅速精密称定重量。除另有规定外，以干燥品计算供试品中水溶性浸出物的含量（％）。

（2）冷浸法：取供试品约4g，精密称定，至250～300ml的锥形瓶中，精密加水100ml，密塞，冷浸，前6h内时时震摇，再静置18h。用干燥滤器迅速过滤，精密量取续滤液20ml，置已干燥至恒重的蒸发皿中，在水浴上蒸干后，于105℃干燥3h，置干燥器中冷却30min，迅速精密称定重量。除另有规定外，以干燥品计算供试品中水溶性浸出物的含量（％）。

2. 醇溶性浸出物测定法

照水溶性浸出物测定法测定。除另有规定外，以《中国药典》现行版各中药材及中药饮片品种项下规定浓度的乙醇或甲醇代替水为溶剂。

3. 挥发性醚浸出物测定法

取供试品（过四号筛）2～5g，精密称定，置五氧化二磷干燥器中干燥12h，置索氏提取器中，加乙醚适量，除另有规定外，加热回流8h，取乙醚液，置已干燥至恒重的蒸发皿中，放置，挥去乙醚，残渣置五氧化二磷干燥器中干燥18h，精密称定，缓缓加热至105℃，并与105℃干燥至恒重，其减失重量即为挥发性醚浸出物的重量。

选作内容

1. 水溶性浸出物测定

热浸法：大黄、枸杞子、白芍、玄参、地龙、龟甲。

冷浸法：黄芪、丹参、山茱萸、山药、川牛膝、天花粉、太子参、白鲜皮、红花。

2. 醇溶性浸出物测定

热浸法：当归、党参、丹参、三七、秦艽、防己、黄芩、牛膝、大青叶、苏木、全蝎。

冷浸法：淫羊藿、广藿香、石菖蒲、白头翁、青蒿、肉苁蓉、连翘、瓜蒌子。

五、要点及难点解析

1. 水溶性浸出物和醇溶性浸出物含量测定用的供试品需粉碎，使能通过二号筛，并混合均匀。

2. 醇溶性浸出物测定所用溶剂及溶剂浓度参照《中国药典》现行版各品种项下规定。

3. 叶类、花类、全草类等质地较轻的药材加溶剂100 ml为宜。

六、习题与作业

1. 比较浸出物含量测定时热浸法和冷浸法的区别点。

2. 热浸法中，为何要密塞且再次称定重量？

3. 写出丹参浸出物含量测定所用的方法及选用的溶剂。

实验十三　中药商品二氧化硫残留量测定

一、实验目的

1. 掌握中药材商品及中药饮片中二氧化硫残留量测定的原理和基本操作方法，培养学生进行有害物质（SO_2）限量检测操作基本技能。

2. 掌握碘滴定液的配制及标定。

3. 熟悉药材及饮片二氧化硫残留限量标准。

二、实验原理

中药商品经二氧化硫熏蒸后，二氧化硫与中药材及饮片中的化学成分发生化学反应，生成亚硫酸盐类，使得中药材及饮片有效物质基础发生变化，从而影响临床疗效。如果长时间、大剂量使用，可能对人身体造成伤害，二氧化硫残留量限量的测定，是中药商品质量评价的方式之一，为保证中药的安全、有效、稳定具有重要意义。

1. 酸碱滴定法　系将中药材以水蒸气蒸馏法处理，样品中的亚硫酸盐系列物质加酸处理转化为二氧化硫，随水蒸气蒸馏，并被双氧水吸收，将其氧化为硫酸根离子，采用酸碱滴定法测定，最后折算二氧化硫计算结果。

2. 离子色谱法　系将中药材以水蒸气蒸馏法处理，样品中的亚硫酸盐系列物质加酸处理转化为二氧化硫，随水蒸气蒸馏，并被双氧水吸收，将其氧化为硫酸根离子，采用离子色谱仪测定，最后折算二氧化硫计算结果。

3. 气相色谱法　将对照品和样品分别置顶空瓶处理后，分别精密吸取经平衡后的对照品和供试品顶空瓶气体1ml，注入气相色谱仪，采用氦为流动相（载气），流经装有填充剂的色谱柱进行分离测定，记录色谱图。按外标标准曲线法定量，测得结果乘以0.5079。即为二氧化硫含量。

三、仪器、试剂与材料

1. 仪器

（1）酸碱滴定法：二氧化硫测定装置（两颈圆底烧瓶1000ml、带刻度分液漏斗、竖式回流冷凝管、三角瓶250ml、氮气瓶、磁力搅拌器、电热套、碱式滴定管、橡胶导气管、移液管。

（2）离子色谱法：两颈圆底烧瓶、接收瓶、圆底烧瓶、直形长玻璃管、磁力搅拌器、电热套、玻璃弯管、铁架台、铁夹、微孔滤膜、纳氏比色管、移液管。

（3）气相色谱法：气象色谱仪、氦气罐、顶空瓶、容量瓶（10ml）、移液管。

2. 材料

大黄、当归、黄芪、枸杞子、山药、牛膝、粉葛、天冬、天麻、天花粉、白及、白芍、白术、党参。

3．试剂

（1）酸碱滴定法：过氧化氢、盐酸、氢氧化钠、甲基红指示剂、基准邻苯二甲酸氢钾等。

（2）离子色谱法：氢氧化钾溶液、硫酸根标准溶液、过氧化氢、盐酸等。

（3）气相色谱法：亚硫酸钠对照品、甘露醇、乙二胺四乙酸、氯化钠、固体石蜡（熔点52℃～56℃）、盐酸。

四、实验内容与操作方法

基本内容

1．酸碱滴定法

（1）仪器装置：如图1，A为1000 ml的两颈圆底烧瓶；B为竖式回流冷凝管；C为（带刻度）分液漏斗；D为连接氮气流入口；E为二氧化硫气体导入口；另配磁力搅拌器、电热套、氮气源及气体流量计。

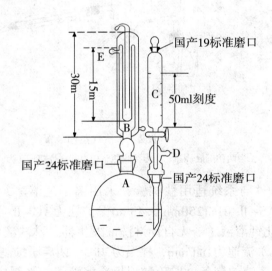

图1　酸碱滴定法仪器装置

（2）测定法：取药材或粉末细粉约10g（如二氧化硫残留量较高超过1000mg/kg可适当减少取样量，但应不少于5g）.精密称定，置两颈圆底烧瓶中，加水300～400ml。打开与自来水连接的回流冷凝管开关给水，将冷凝管的上端E口处连接一橡胶导气管置于250ml锥形瓶底部，锥形瓶加入20ml的3%过氧化氢溶液作为吸收液（橡胶导气管的末端应在吸收液面以下）并置于磁力搅拌器上不断搅拌，开通氮气，使用流量计及调节气体流量至约0.2L/min。打开分液漏斗C的活塞，使盐酸溶液（6mol/L）10ml流入蒸馏瓶，立即加热两颈烧瓶内的溶液至沸，并保持微沸。烧瓶内的水沸腾1.5h后，停止加热，放冷，转移至100m容量瓶中，定容，摇匀，放置1h后，亚硫酸盐生成的硫酸用标准氢氧化钠（0.01mol/L）滴定。在吸收液中加入甲基红指示剂（2.5mg/ml）3滴，用0.01mol/L NaOH滴定，至黄色持续时间20s不褪色，并将滴定的结果用空白实验校正。

照下式计算：

供试品中二氧化硫残留量（μg/g）=32.03×VB×M×1000/m

32.03为二氧化硫的mg当量重量

V_B为摩尔浓度中达到终点所需氢氧化钠的体积，ml

M为氢氧化钠摩尔浓度，mol/L

式中1000为mg当量转化为μg当量

m为药材称样量，g

2．离子色谱法：

（1）仪器装置：水蒸气蒸馏装置 如图2蒸馏部分装置需订做，另配磁力搅拌器、电热套。

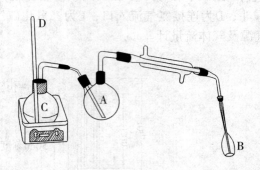

图2 水蒸气蒸馏装置

A.为两颈圆底烧瓶；B.为接收瓶；C.为圆底烧瓶；D.为直形长玻璃管

（2）色谱条件与系统适用性试验：采用离子色谱法，色谱柱为阴离子分析柱（推荐色谱柱为AS–Ⅱ–HC(250mm×4mm)保护柱为AG–Ⅱ–HC(50mm×4mm)淋洗液为20mmol/L氢氧化钾溶液（若无自动淋洗液发生器，淋洗液可用3.2mmol/L Na_2CO_3、1.0mmol/L $NaHCO_3$）流速为1ml/min，柱温为30℃，阴离子抑制器，电导检测器检测。

（3）对照品溶液的制备：取硫酸根标准溶液，加水制成每1ml分别含硫酸根1、5、20、50、100μg/ml的溶液，各进样10μl，绘制标准曲线。

（4）供试品溶液的制备：取供试品粗粉5~10g（不少于5g）置瓶A（两颈烧瓶）中，加水50 ml振摇使分散均匀，接通水蒸气蒸馏瓶C，吸收瓶B（100ml纳氏比色管或量瓶中加入3%过氧化氢溶液20ml作为吸收液，吸收管下端插入吸收液液面以下。A瓶中沿瓶壁加入5ml盐酸，迅速密塞，开始蒸馏。保持C瓶沸腾并调整蒸馏火力，使吸收管端的馏出液的流出速率为2ml/min，蒸馏至瓶B中溶液总体积约为95ml（时间约30~40min），用水稀释至刻度，摇匀，放置1h后，以微孔滤膜滤过，即得。

（5）测定法：分别精密吸取相应的对照品溶液和供试品溶液10μl，进样，测定。计算样品中硫酸根含量，按照（$SO_2/SO_4^{2-}=0.6669$）折算成样品中二氧化硫的含量。

3．气相色谱法

（1）色谱条件与系统适应性实验：以AgilentGS–GASPR0为固定相的毛细管柱（柱

长30mm,柱内径0.32mm）或等效柱。热导检测器，检测器温度为250℃。程序升温：起初50℃保持2min，以每分钟20℃升至200℃，保持2min。进样口温度为200℃，载气为氦气，流速为每分钟2.0ml。顶空进样，采用气密针模式（气密针温度为105℃）的顶空进样，顶空瓶的平衡温度为80℃（其中白芍的平衡温度设为100℃），平衡时间均为10min。

（2）对照品溶液的制备：精密称取亚硫酸钠对照品500mg置10ml量瓶中，加入含0.5%甘露醇和0.1%乙二胺四乙酸二钠的混合溶液溶解，并稀释至刻度，摇匀，制成每1ml含亚硫酸钠50.0mg的对照品储备液。分别精密量取对照品储备液0.1，0.2，0.4，1.2ml置10ml量瓶中，用含0.5%甘露醇和0.1%乙二胺四乙酸二钠的溶液分别稀释成每1ml含硫酸钠0.5，1，2，5，10mg的对照品工作溶液。

分别准确称取1g氯化钠和1g固体石蜡（熔点52℃～56℃）于20ml顶空进样品中，精密加入2mol/L盐酸溶液2ml，将顶空瓶置于60℃水浴中，待固体石蜡全都溶解后取出。放冷至室温使固体石蜡浸固密封于酸液层之上（必要时用空气吹去瓶壁上冷凝的酸雾）。分别精密量取上述0.5，1，2，5，10mg/ml的对照品工作溶液100μL置于石蜡层上方密封，即得。

（3）供试品溶液的制备：分别准确称取1g氯化钠和1g固体石蜡（熔点52℃～56℃）于20ml顶空进样品中，精密加入2mol/L盐酸溶液2ml，将顶空瓶置于60℃水浴中，待固体石蜡全都溶解后取出，放冷至室温使固体石蜡重新凝固。取样品细粉约0.2g，精密称定，置于石蜡层上方，密封，即得。

（4）测定法：分别精密吸取经平衡后的对照品和供试品顶空瓶气体1ml，注入气相色谱仪，记录色谱图，按外标标准曲线法定量，测得结果乘以0.5079。即为二氧化硫含量。

选作内容

山药、牛膝、粉葛、天冬、天麻、天花粉、白及、白芍、白术、党参等10种中药材及其饮片的二氧化硫残留限量不得过400mg/kg；其他中药材及饮片中亚硫酸盐残留量（以二氧化硫计）不得过150mg/kg。

五、要点及难点解析

1. 中药材及中药饮片中二氧化硫残留量测定时，吸收管下端应插入吸收液液面以下。

2. 二氧化硫残留量测定法中，离子色谱法作为复试方法，检测结果限度为150ppm（μg/g）±30%（105～195ppm）和限度400ppm（μg/g）±20%（320～480ppm）时，应采用离子色谱法复试作为最终测定结果。

3. 气相色谱法二氧化硫残留量测定中，载气应选用氦气；样品应置于顶空瓶石蜡层上方后，密封。

4. 二氧化硫在样品中的不均匀性和随时间挥发的特点，二氧化硫残留量的检查结果不予复验。

5. 对于具体中药材或中药饮片品种，根据情况选择适宜方法（酸碱滴定法、离子色谱法、气相色谱法）进行二氧化硫残留量测定。

六、习题与作业

1. 中药材及中药饮片二氧化硫限量测定中使用双氧水的目的是什么？
2. 试述离子色谱法二氧化硫残留量测定中的色谱条件。
3. 气相色谱法二氧化硫残留量测定中，样品为什么用细粉，而不用提取液？

七、注意

《中国药典》现行版规定，中药材及饮片中亚硫酸盐残留量（以二氧化硫计）不得过150mg/kg的限量规定，其中山药、牛膝、粉葛、天冬、天麻、天花粉、白及、白芍、白术、党参等10种中药材及其饮片的二氧化硫残留限量不得过400mg/kg。

中药商品学实训

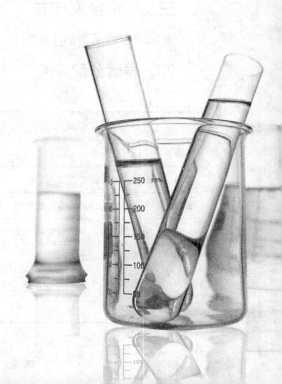

一、中药商品学实训课程的性质、目的和要求

本课程是为《中药商品学》课程设置的一门专业实训课程，与中药商品学实验课一起构成了中药商品学的实践体系。本课程围绕中药商品学的研究任务，以国家级中药材市场为基地，进行中药材专业市场的全面考察。调研在流通领域中中药商品的种类、中药商品的质量、中药商品的价格变化、中药商品的市场行情；分析与评价市售中药商品的真伪、质量、规格等级，以及中药材市场在中药商业流通过程中的重要作用。

通过市场见习实训达到下述目的及要求：

1. 考察中药材专业市场（中药材交易大厅）中商品药材的种类、产地、规格、质量、价格、真伪状况等。

2. 调查中药材专业市场发展历史。通过讲座和访问等形式了解市场历史、现状、规模、特点、目前经营管理的主要模式，优势与不足。

3. 熟悉重要专营商品中药材的市场行情、专营方式、特色体系等。

4. 鉴别、熟悉150余种商品药材的性状、产地、规格等级、价格等。

5. 考察中药饮片加工厂（GMP）情况。

6. 考察中药材规范化种植基地（GAP）情况。

7. 写出中药材市场考察报告（每人一份）。

二、教学方法

教学方式以学生考察市场、识别中药实训为主，教师指导为辅。每30学生有1~2名教师随队进行指导；由学生自由组合进行调查。

三、成绩考核方法

采用中药商品鉴别（50%）与中药材市场考察报告（50%）相结合的综合成绩。

四、学时分配

参考性教学时数分配表

教学内容	讲授时数
实训一　中药材交易大厅考察	12
实训二　走访药材专营专业公司	4
实训三　参观品牌药材加工业（饮片加工厂）	8
实训四　中药市场情况调研或专业讲座	4
实训五　中药材种植基地考察	4
实训六　中药材商品考试	4
合计	36

五、与其他课程的联系与分工

本课程是中药商品学课程的市场实训课，需要中药商品学、中药市场学等课程为基础。

本课程围绕中药商品学课程的任务，进行中药材市场的考察、中药商品质量与经营管理的实训与见习。

实训一　中药材交易大厅考察（12学时）

一、目的要求

1. 考察中药材交易大厅市场规模及现状。
2. 调查市场经营的中药商品，鉴别熟识150种常用中药材商品。
3. 调查市场经营者。

二、教学内容

1. 调查中药材商品品种、产地、规格等级、质量、价格、真伪等市场行情。
2. 选择2～3种大宗中药材商品进行全面的市场行情调查。
3. 考察中药材市场规模与市场环境。
4. 鉴别中药材商品。

由指导教师带队分成若干实训小组，多次深入中药材市场交易大厅，调查了解中药材市场交易现状、购销形式、药材商品质量、以及中药材市场交易的质量监督、行业监督的机构和实施状况。

三、习题或作业

撰写中药商品市场调查报告

实训二　走访药材商品专营专业公司（4学时）

一、目的要求

1. 访问中药材商品销售专业公司。
2. 调研大宗商品经营管理经验与方法。
3. 参观专类商品小区，例如，某些贵重中药材商品。

二、教学内容

选取人参、贝母、三七等中药材商品经营专业户，进行走访与参观。

例如，参观中药商品人参专营小区，对市售参类商品进行质量评价。

由指导教师带队，选择有代表性的中药材商品专营公司或业户，就某一类中药材商品的调拨、运输、仓储、销售专营的渠道、传统与现代包装、炮制、运输和营销方法进行调查。或者邀请中药材专营公司的技术人员进行专题讲座。

三、习题或作业

从运输、仓储、包装、营销、鉴别等方面整理特色中药商品专营的经验与方法。

实训三　中药材加工业（饮片加工厂）考察（8学时）

一、目的要求

1. 考察一家饮片加工厂或品牌药材加工业。
2. 了解目前中药炮制加工、仓储、质量监控等中药饮片商品现状。

二、教学内容

在指导老师带领下参观一家GMP中药饮片加工厂或品牌药材加工业。了解中药饮片生产管理规范。重点考察了解：

1. 中药商品来源　对中药材的基原应符合国家标准，产地应相对稳定。
2. 中药饮片加工　必须符合国家或省市自治区炮制规范。
3. 人员要求　企业的生产或质量管理人必须具备医药专业大专以上学历或中级专业技术职称或执业药师资格等国家GMP的相关要求。从事中药材炮制操作人员应具有中药炮制专业知识和实际操作技能；从事毒性中药材等有特殊要求的生产操作人员，应具有相关专业知识和技能，并熟知相关的劳动保护要求。负责中药材采购及验收的人员应具备鉴别中药材真伪优劣的能力。从事养护、仓储保管人员应掌握中药材、中药饮片贮存养护知识与技能。
4. 厂房与设备　应按生产工艺流程合理布局，并设置与其生产规模相适应的净制、切制、炮炙等操作间。直接口服饮片粉碎、过筛、内包装等生产区域应参照D级洁净区的要求设置。毒性中药材加工、炮制应使用专用设施和设备，并与其他饮片生产区严格分开，生产的废弃物应经过处理并符合GMP要求。
5. 仓库及设施　保证中药材和中药饮片按照规定条件贮存，阴凉贮存的温度应不高于25℃。

三、习题或作业

写出中药饮片加工厂的参观体会或调查报告。

实训四　中药商品市场情况调研或专业讲座（4学时）

一、目的要求

1. 熟悉中药材市场发展与现状。
2. 掌握中药材经营管理与流通信息知识。
3. 调查了解近期中药商品价格、品种变化动态。

二、教学内容

1. 中药材市场简介：包括历史、现状、经营管理模式、经营特点。
2. 中药材的经营管理与市场主营品种的市场行情。
3. 贵重中药材真伪优劣鉴别与市场行情。

三、习题或作业

写出对中药商品市场行情的调查与预测报告。
附：调查报告提纲
1. 参与调查人员
2. 主要调查事项/目的
3. 中药市场概况
4. 中药品种问题
5. 中药质量问题
6. 中药价格问题
7. 代表性中药价格趋势
8. 中药价格预测
9. 中药市场问题与解决建议

实训五　中药材种植（GAP）基地考察（4学时）

一、目的要求

通过考察中药材种植基地，学习中药材规范化种植GAP的规章制度和生产实践，了解中药材种植的现状。

二、教学内容

在较大的国家级中药材商品市场周围都有中药材种植基地。选择中药材市场附近的一个中药材规范化种植（GAP）基地，学习了解中药材规范化种植情况，调查中药材种植的品种、现状和对中药商品市场的供应情况。主要了解考察中药材规范化种植的基本要求：

1. 种质选育　良种培育及优选等。
2. 种植技术的规范　种植方法、土地条件、基肥、中耕除草、田间管理，浇水施肥等。
3. 常见病虫害及其防治。
4. 适时采收与产地加工、干燥。
5. 商品规格与质量控制。
6. 销售、仓储或运输。
7. 中药材种植基地与中药材市场的供销关系。

三、习题或作业

完成中药材种植基地考察报告。

实训六　中药材商品鉴别实训考试（4学时）

一、目的要求

考核学生在市场见习中对中药商品规格、质量鉴别的成绩。

二、教学内容

随机抽取药材市场不同规格等级的中药材商品50种，让学生按照要求将鉴别出商品药材的名称、规格等级等填入相应的试卷数码后。

三、习题或作业

完成考试内容。

附录一 七十六种药材商品规格标准与名词、术语解释

一、七十六种药材商品规格标准

001 当归

本品为伞形科植物当归的干燥根。

1. 全归规格标准

一等：干货。上部主根圆柱形，下部有多条支根，根梢不细于0.2cm。表面棕黄色或黄褐色。断面黄白色或淡黄色，具油性。气芳香，味甘微苦。每公斤40支以内。无须根、杂质、虫蛀、霉变。

二等：干货。上部主根圆柱形，下部有多条支根，根梢不细于0.2cm。表面棕黄色或黄褐色。断面黄白色或淡黄色，具油性。气芳香，味甘微苦。每公斤70支以内。无须根、杂质、虫蛀、霉变。

三等：干货。上部主根圆柱形，下部有多条支根，根梢不细于0.2cm。表面棕黄色或黄褐色，断面黄白色或淡黄色，具油性。气芳香，味甘微苦。每公斤110支以内。无须根、杂质、虫蛀、霉变。

四等：干货。上部主根圆柱形，下部有多条支根，根梢不细于0.2cm。表面棕黄色或黄褐色，断面黄白色或淡黄色，具油性。气芳香，味甘微苦。每公斤110支以外。无须根、杂质、虫蛀、霉变。

五等：（常行归）干货。凡不符合以上分等的小货，全归占30%，腿渣占70%，具油性。无须根、杂质、虫蛀、霉变。

2. 归头规格标准

一等：干货。纯主根，呈长圆形或拳状，表面棕黄色或黄褐色。断面黄白色或淡黄色，具油性。气芳香，味甘微苦。每公斤40支以内。无油个、枯干、杂质、虫蛀、霉变。

二等：干货。纯主根，呈长圆形或拳状。表面棕黄色或黄褐色。断面黄白色或淡黄色，具油性。气芳香，味甘微苦。每公斤80支以内。无油个、枯干、杂质、虫蛀、霉变。

三等：干货。纯主根，呈长圆形或拳状。表面棕黄色或黄褐色，断面黄白色或淡黄色，具油性。气芳香，味甘微苦。每公斤120支以内，无油个、枯干、杂质、虫蛀、霉变。

四等：干货。纯主根，呈长圆形或拳状。表面棕黄色或黄褐色，断面黄白色或淡

黄色，具油性。气芳香，味甘微苦。每公斤160支以内，无油个、枯干、杂质、虫蛀、霉变。

备注:

全归一至四等内，包装、运输的自然压断腿不超过16%。

002 川芎

本品为伞形植物川芎的干燥根茎。

规格标准:

一等：干货。呈结绳状，质坚实。表面黄褐色。断面灰白色或黄白色。有特异香气，味苦辛、麻舌。每公斤44个以内，单个的重量不低于20g。无山川芎、空心、焦枯、杂质、虫蛀、霉变。

二等：干货。呈结绳状，质坚实。表面黄褐色。断面灰白色或黄白色。有特异香气，味苦辛、麻舌。每公斤70个以内。无山川芎、空心、焦枯、杂质、虫蛀、霉变。

三等：干货。呈结绳状，质坚实。表面黄褐色。断面灰白色或黄白色。有特异香气。味苦辛、麻舌。每公斤70个以外，个大空心的属此。无山川芎、苓珠、苓盘、焦枯、杂质、虫蛀、霉变。

003 地黄

本品为玄参科植物地黄的干燥块根。

生地规格标准:

一等：干货。呈纺锤形或条形圆根。体重质柔润。表面灰白色或灰褐色。断面黑褐色或黄褐色，具有油性。味微甜。每公斤16支以内。无芦头、老母、生心、焦枯、杂质、虫蛀、霉变。

二等：干货。呈纺锤形或条形圆根。体重质柔润。表面灰白色或灰褐色。断面黑褐色或黄褐色，具有油性。味微甜。每公斤32支以内。无芦头、老母、生心、焦枯、杂质、虫蛀、霉变。

三等：干货。呈纺锤形或条形圆根。体重质柔润。表面灰白色或灰褐色。断面黑褐色或黄褐色，具有油性。味微甜。每公斤60支以内。无芦头、老母、生心、焦枯、杂质、虫蛀、霉变。

四等：干货。呈纺锤形或条形圆根。体重质柔润。表面灰白色或灰褐色。断面黑褐色或黄褐色，具有油性。味微甜。每公斤100支以内。无芦头、老母、生心、焦枯、虫蛀、霉变。

五等：干货。呈纺锤形或条形圆根。体质柔润。表面灰白色或灰褐色。断面黑褐色或黄褐色，具油性。味微甜。但油性少，支根瘦小。每公斤100支以外，最小货直径1cm以上。无芦头、老母、生心、焦枯、杂质、虫蛀、霉变。

备注:

1. 保持原形即可，不必加工搓圆。

2. 野生地如与栽培生地质量相同者，可同样按其大小分等。

004 黄连

本品为毛茛科植物黄连、三角叶黄连或云连的干燥根茎。即味连、雅连、云连。

1. 味连规格标准

一等：干货。多聚成簇，分枝多弯曲，形如鸡爪或单支，肥壮坚实、间有过桥。长不超过2cm。表面黄褐色，簇面无毛须。断面金黄色或黄色。味极苦。无不到1.5cm的碎节、残茎、焦枯、杂质、霉变。

二等：干货。多聚成簇，分枝多弯曲，形如鸡爪或单支，条较一等瘦小，有过桥。表面黄褐色，簇面无毛须。断面金黄色或黄色。味极苦，间有碎节，碎渣、焦枯、无残茎、杂质、霉变。

2. 雅连规格标准

一等：干货。单枝，呈圆柱形，略弯曲，条肥状，有过桥，长不超过2.5cm。质坚硬。表面黄褐色，断面金黄色。味极苦。无碎节、毛须、焦枯、杂质、霉变。

二等：干货。单枝，呈圆柱形，略弯曲，条较一等瘦小，过桥较多，质坚硬，表面黄褐色。断面金黄色，味极苦，间有碎节、毛须、焦枯、无杂质、霉变。

3. 云连规格标准

一等：干货。单枝，呈圆柱形，略弯曲，顶端微有褐绿色鳞片、叶残留。条粗壮、质坚实，直径0.3cm以上。表面黄棕色，断面金黄色，味极苦。无毛须、过桥、杂质、霉变。

二等：干货。单枝，呈圆柱形，微弯曲。条较瘦小，间有过桥。表面深黄色，极苦。无毛须、杂质、霉变。

备注：

1. 四川味连原分南岸、北岸连。随着生产与发展，两岸的黄连质量互有优劣，故改分为一、二等。

2. 各产地的黄连加工，应尽量去净毛须。

3. 各地野生黄连，可照云连标准分等。

005 白术

本品为菊科植物白术的干燥根茎。

规格标准：

一等：干货。呈不规则团块，体形完整。表面灰棕色或黄褐色。断面黄白色或灰白色。味甘微苦。每kg 40只以内。无焦枯、油个、炕泡、杂质、虫蛀、霉变。

二等：干货。呈不规则团块，体形完整。表面灰棕色或黄褐色。断面黄白色或灰白色。味甘微辛苦。每kg 100只以内。无焦枯、油个、炕泡、杂质、虫蛀、霉变。

三等：干货。呈不规则团块，体形完整。表面灰棕色或黄褐色。断面黄白色或灰白色。味甘微辛苦。每kg 200只以内。无焦枯、油个、炕泡、杂质、虫蛀、霉变。

四等：干货。体形不计，但需全体是肉（包括武子、花子）。每kg 200只以外、间有程度不严重的碎块、油个、焦枯、炕泡。无杂质、霉变。

备注:

1. 凡符合一、二、三等重量的花子、武子、长枝、顺降一级。
2. 无论炕、晒白术,均按此规则标准的只数分等。

006 甘草

本品为豆科植物甘草、胀果甘草或光果甘草的干燥根及根茎。

1. 西草

大草规格标准:

统货:干货。呈圆柱形。表面红棕色、棕黄色或灰棕色,皮细紧,有纵纹,斩去头尾,切口整齐。质坚实、体重。断面黄白色,粉性足。味甜。长25~50cm,顶端直径2.5~4cm,黑心草不超过总重量的5%。无须根、杂质、虫蛀、霉变。

条草规格标准:

一等:干货。呈圆柱形,单枝顺直。表面红棕色、棕黄色或灰棕色,皮拉紧,有纵纹,斩去头尾,口面整齐。质坚实、体重。断面黄白色,粉性足。味甜。长25~50cm,顶端直径1.5cm以上。间有黑心。无须根、杂质、虫蛀、霉变。

二等:干货。呈圆柱形,单枝顺直。表面红棕色、棕黄色或灰棕色,皮细紧,有纵纹,斩去头尾,口面整齐。质坚实、体重。断面黄白色,粉性足。味甜。长25~50cm,顶端直径1cm以上,间有黑心。无须根、杂质、虫蛀、霉变。

三等:干货。呈圆柱形,单枝顺直。表面红棕色、棕黄色或灰棕色,皮细紧,有纵纹,斩去头尾,口面整齐。质坚实,体重。断面黄白色,粉性足。味甜。长25~50cm,顶端直径0.7cm以上。无须根、杂质、虫蛀、霉变。

毛草规格标准:

统货:干货。呈圆柱形弯曲的小草,去净残茎,不分长短。表面红棕色、棕黄色或灰棕色。断面黄白色,味甜。顶端直径0.5cm以上。无杂质、虫蛀、霉变。

草节规格标准:

一等:干货。呈圆柱形,单枝条。表面红棕色、棕黄色或灰棕色,皮细,有纵纹。质坚实、体重。断面黄白色,粉性足。味甜。长6cm以上,顶端直径1.5cm以上。无须根、疙瘩头、杂质、虫蛀、霉变。

二等:干货。呈圆柱形。单枝条。表面红棕色、棕黄色或灰棕色,皮细,有纵纹。质坚实、体重。断面黄白色,粉性足,有甜味。长6cm以上,顶端直径0.7cm以上。无须根、疙瘩头、杂质、虫蛀、霉变。

疙瘩头规格标准:

统货。干货。系加工条草砍下之根头,呈疙瘩头状。去净残茎及须根。表面黄白色。味甜。大小长短不分,间有黑心。无杂质、虫蛀、霉变。

2. 东草

条草规格标准:

一等:干货。呈圆柱形,上粗下细。表面紫红色或灰褐色,皮粗糙。不斩头尾。质松体轻。断面黄白色,有粉性。味甜。长60cm以上。芦下3cm处直径1.5cm以上。间有5% 20cm以上的草头。无杂质、虫蛀、霉变。

二等：干货。呈圆柱形，上粗下细。表面紫红色或灰褐色，皮粗糙。不斩头尾。质松体轻。断面黄白色，有粉性。味甜。长50cm以上，芦下3cm处直径1cm以上，间有5% 20cm以上的草头。无杂质、虫蛀、霉变。

三等：干货。呈圆柱形，间有弯曲有分叉细根。表面紫红或灰褐色，皮粗糙。不斩头尾。质松体轻。断面黄白色。有粉性。甜味。长40cm以上，芦下3cm处直径0.5cm以上。间有5% 20cm以上的草头，无细小须子、杂质、虫蛀、霉变。

毛草规格标准：

统货。干货。呈圆柱形弯曲的小草。去净残茎，间有疙瘩头。表面紫红色或灰褐色。质松体轻。断面黄白色。味甜。不分长短，芦下直径0.5cm以上。无杂质、虫蛀、霉变。

备注：

1. 西草　系指内蒙古西部及陕西、甘肃、青海、新疆等地所产皮细、色红、粉足的优质草。不符合标准者可列为东草。

2. 东草　系指内蒙古东部及东北、河北、山西等地所产，一般未斩去头尾。如皮色好，又能斩去头尾，可列为西草。以上两类草，主要以品质区分、不受地区限制。

007　白芍

本品为毛茛科植物芍药的干燥根。

1. 白芍规格标准

一等：干货。呈圆柱形，直或稍弯，去净栓皮，两端整齐。表面类白色或淡红色。质坚实体重。断面类白色或白色。味微苦酸。长8cm以上，中部直径1.7cm以上。无芦头、花麻点、破皮、裂口、夹生、杂质、虫蛀、霉变。

二等：干货。呈圆柱形，直或稍弯，去净栓皮，两端整齐。表面类白色或淡红棕色。质坚实体重。断面类白色或白色。味微苦酸。长6cm以上，中部直径1.3cm以上。间有花麻点；无芦头、破皮、裂口、夹生、杂质、虫蛀、霉变。

三等：干货。呈圆柱形，直或稍弯，去净栓皮，两端整齐。表面类白色或白色。味微苦酸。长4 cm以上，中部直至0.8cm以上。间有花麻点；无芦头、破皮、裂口、夹生、虫蛀、霉变。

四等：干货。呈圆柱形，直或稍弯，去净栓皮，两端整齐，表面类白色或淡红棕色。断面类白色或白色。味微苦酸。长短粗不分，兼有夹生、破皮、花麻点、头尾、碎节或未去净皮。无枯芍、芦头、杂质、虫蛀、霉变。

2. 杭白芍规格标准

一等：干货。呈圆柱形，条直，两端切平。表面棕红色或微黄色。质坚体重，断面微黄色。味微苦酸。长8cm以上，中部直径2.2cm以上。无枯芍、芦头、栓皮、空心、杂质、虫蛀、霉变。

二等：干货。呈圆柱形，条直，两端切平，表面棕红色或微黄色。质坚体重。断面微黄色。味微酸苦。长8cm以上，中部直径1.8cm以上。无枯芍、芦头、栓皮、空心、杂质、虫蛀、霉变。

三等：干货。呈圆柱形，条直，两端切平，表面棕红色或微黄色。质坚体重。断面微黄色。味微酸苦。长8cm以上，中部直径1.5cm以上。无枯芍、芦头、栓皮、空心、杂质、虫蛀、霉变。

四等：干货。呈圆柱形，条直，两端切平，表面棕红色或微黄色。质坚体重。断面微黄色。味微苦酸。长7cm以上，中部直径1.2cm以上。无枯芍、芦头、栓皮、空心、杂质、虫蛀、霉变。

五等：干货。呈圆柱形，条直，两端切平，表面棕红色或微黄色。质坚体重。断面黄白色。味微苦酸。长7cm以上，中部直径0.9cm以上，无枯芍、芦头、栓皮、空心、杂质、虫蛀、霉变。

六等：干货。呈圆柱形，表面棕红色或微黄色。质坚体重。断面黄白色。味微苦酸。长短不分。中部直径0.8cm以上。无枯芍、芦头、栓皮、杂质、虫蛀、霉变。

七等：干货。呈圆柱形，表面棕红色或微黄色。质坚体重。断面黄白色。味微苦酸。长短不分，直径0.5cm以上。间有夹生、伤疤；无稍尾、枯心、芦头、栓皮、虫蛀、霉变。

备注：

1. 各地栽培的白芍，除浙江白芍因生长期较长，根条粗，分为七个等级外，其他地区均按四个等级分等。

2. 安徽习惯上加工的白芍片、花芍片、花芍个、花帽、狗头等可根据质量情况和历史习惯自定标准。

008 茯苓

本品为多孔菌科真菌茯苓的干燥菌核。

个苓规格标准：

一等：干货。呈不规则圆球形或块状。表面黑褐色或棕褐色。体坚实、皮细。断面白色。味淡。大小圆扁不分。无杂质、霉变。

二等：干货。呈不规则圆球形或块状。表面黑褐色或棕色。体轻泡、皮粗、质松。断面白色至黄赤色。味淡。间有皮沙、水锈、破伤。无杂质、霉变。

白苓片规格标准：

一等：干货。为茯苓去净外皮，切成薄片。白色或灰白色。质细。毛边（不修边）。厚度每厘米7片，片面长宽不得小于3cm。无杂质、霉变。

二等：干货。为茯苓去净外皮，切成薄片。白色或灰白色。质细。毛边(不修边)。厚度每厘米5片，片面长宽不得小于3cm。无杂质、霉变。

白苓块规格标准：

统货。干货。为茯苓去净外皮切成扁平方块。白色或灰白色。厚度0.4～0.6cm之间，长度4～5cm，边缘苓块，可不成方形。间有1.5cm以上的碎块。无杂质、霉变。

赤苓块规格标准：

统货。干货。为茯苓去净外皮切成扁平方块。赤黄色。厚度0.4～0.6cm之间，长度4～5cm，边缘苓块，可不成方形。间有1.5cm以上的碎块。无杂质、霉变。

茯神块规格标准：

统货。干货。为茯苓去净外皮切成扁平方形块。色泽不分，每块含有松木心。厚度0.4～0.6cm，长宽4～5cm。六心直径不超过1.5cm。边缘苓块，可不成方形。间有1.5cm以上的碎块，无杂质、霉变。

骰方规格标准：

统货。干货。为茯苓去净外皮切成立方形块。白色。质坚实。长、宽、厚在1cm以内，均匀整齐。间有不规则的碎块，但不超过10%。无粉末、杂质、霉变。

白碎苓规格标准：

统货。干货。为加工茯苓时的白色或灰白色的大小碎块或碎屑，均属此等。无粉末、杂质、虫蛀、霉变。

赤碎苓规格标准：

统货。干货。为加工茯苓时的赤黄色大小碎块或碎屑，均属此等。无粉末、杂质、虫蛀、霉变。

茯神木规格标准：

统货。干货。为茯苓中间生长的松木，多为弯曲不直的松根，似朽木状。色泽不分，毛松体轻。每根周围必须带有三分之二的茯苓肉。木杆直径最大不超过2.5cm。无杂质、霉变。

备注：

1. 为了适应机器的需要，增加了"骰方"规格，希望产地试行加工试销。

2. 赤苓产销量均小，只加工一种赤苓块，在加工白茯苓片（块）时有赤色或黄色的，可改切成为赤苓块，不必再加工赤苓片。

3. 应辅导农民学会加工块片货，逐步改变交售个苓的作法。

009 党参

本品为桔梗科植物党参或同属数种植物的干燥根。

1. 西党规格标准

一等：干货。呈圆锥形，头大尾小，上端多横纹。外皮粗松，表面黄褐色或灰褐色。断面黄白色，有放射状纹理。糖质多、味甜。芦下直径1.5cm以上。无油条、杂质、虫蛀、霉变。

二等：干货。呈圆锥形，头大尾小，上端多横纹，外皮粗松，表面黄褐色或灰褐色。断面黄白色，有放射状纹理。糖质多、味甜。芦下直径1cm以上，油条、杂质、虫蛀、霉变。

三等：干货。呈圆锥形，头大尾小，上端多横纹，外皮粗松，表面黄褐色或灰褐色。断面黄白色，有放射状纹理。糖质多、味甜。芦下直径0.6cm以上，油条不超过15%。无杂质、虫蛀、霉变。

2. 条党规格标准

一等：干货。呈圆锥形，头上茎痕较少而小，条较长。上端有横纹或无，下端有纵皱纹，表面黄褐色。断面白色或黄白色，有放射状纹理。有糖质、甜味。芦下直径1.2cm以上，无油条、杂质、虫蛀、霉变。

二等：干货。呈圆锥形，头上茎痕较少而小，条较长，上端有横纹或无，下端有纵皱纹，表面黄褐色。断面白色或黄白色，有放射状纹理。有糖质、味甜。芦下直径

0.8cm以上，无油条、杂质、虫蛀、霉变。

三等：干货。呈圆锥形，头上茎痕较少而小，条较长，上端有横纹或无，下端有纵皱纹，表面黄褐色。断面白色或黄白色，有放射状纹理。有糖质、味甜。芦下直径0.5cm以上，油条不超过10%，无油条、杂质、虫蛀、霉变。

3. 潞党规格标准

一等：干货。呈圆柱形，芦头较小，表面黄褐色或灰黄色，体结而柔。断面棕黄色或黄白色，糖质多，味甜。芦下直径1cm以上，无油条、杂质、虫蛀、霉变。

二等：干货。呈圆柱形，芦头较小，表面黄褐色或灰黄色，体结而柔。断面棕黄色或黄白色。糖质多，味甜，芦下直径0.8cm以上，无油条、杂质、虫蛀、霉变。

三等：干货。呈圆柱形，芦头较小。表面黄褐色或灰黄色，体结而柔。断面棕黄色或黄白色。糖质多，味甜，芦下直径0.4cm以上，油条不得超过10%，无杂质、虫蛀、霉变。

4. 东党规格标准

一等：干货。呈圆锥形，头较大，下有横纹。体较松质硬。表面土黄色或灰黄色，粗糙。断面黄白色，中心淡黄色、显裂隙、味甜。长20cm以上，芦头下直径1cm以上，无毛须、杂质、虫蛀、霉变。

二等：干货。呈圆锥形，芦头较大，芦下有横纹。体较松质硬。表面土黄色或灰褐色。粗糙。断面黄白色，中心淡黄色，显裂隙，味甜。长20cm以下，芦下直径0.5cm以上，无毛须、杂质、虫蛀、霉变。

5. 白党规格标准

一等：干货。呈圆锥形，具芦头。表面黄褐色或灰褐色。体较硬。断面黄白色，糖质少，味微甜，芦下直径1cm以上，无杂质、虫蛀、霉变。

二等：干货。呈圆锥形，具芦头，表面黄褐色或灰褐色。体较硬，断面黄白色，糖质少，味微甜。芦下直径0.5cm以上。间有油条、短节。无杂质、虫蛀、霉变。

备注：

1. 党参产区多，质量差别较大，现仍按1964年规格标准分为五个品种，未大动。各地产品，符合某种质量，即按该品种标准分等。

（1）西党　即甘肃、陕西及四川西北部所产。过去称纹党、晶党。原植物为素花党参。

（2）东党　即东北三省所产者。

（3）潞党　即山西产及各地所引种者。

（4）条党　即四川、湖北、陕西三省接壤地带所产，原名单枝党、八仙党。形多条状，故名条党，其原植物为川党参。

（5）白党　即贵州、云南及四川南部所产。原称叙党，因质硬糖少，由色白故名白党。其原植物为管花党参。

2. 加强指导采挖加工技术，出土后即去净泥土毛须，及时干燥。

3. 潞党的一等，在山西即老规格的"老条"，是播种参、质量好、应鼓励发展。二至三等系压条参，质较轻泡。

010 麦冬

本品为百合植物麦冬的干燥块根。

1. 浙麦冬规格标准

一等：干货，呈纺锤形半透明体，表面黄白色。质柔韧。断面牙白色，有木质心。味微甜，嚼之有粘性。每50g 150只以内。无须根、油粒、烂头、枯子、杂质、霉变。

二等：干货。呈纺锤形半透明体。表面黄白色，质柔韧，断面牙白色，有木心。味微甜。嚼之有粘性。每50g 280只以内。无须根、油粒、枯子、烂头、杂质、霉变。

三等：干货。呈纺锤形半透明体，表面黄白色，质柔韧，断面牙白色，有木质心。味微甜，嚼之有粘性。每50g 280只以外，最小不低于麦粒大。油粒、烂头不超过10%。无须根、杂质、霉变。

2. 川麦冬规格标准

一等：干货。呈纺锤形半透明体。表面淡白色，木质心细软。味微甜，嚼之少粘性。每50g 190粒以内，无须根、乌花、油粒、杂质、霉变。

二等：干货。呈纺锤形半透明体。表面淡白色。断面淡白色。木质心细软。味微甜，嚼之少粘性。每50g 300粒以内。无须根、乌花、油粒、杂质、霉变。

三等：干货。呈纺锤形半透明体。表面淡白色。断面淡白色。木质心细软。味微甜，嚼之少粘性。每50g 300粒以外，最小不低于麦粒大。间有乌花、油粒不超过10%，无须根、杂质、霉变。

备注：

1. 麦冬，浙江产者为二、三年生，川产者为一年生，质量不同，故分为浙川两类。各地引种的麦冬，符合那个标准即按那个标准分等。

2. 野生麦冬，与家种质量相同者，可按家种麦冬标准分等。

011 黄芪

本品为豆科植物膜荚黄芪、蒙古黄芪或多序岩黄芪的干燥根。前二者习称"黄芪"，后者习称"红芪"

1. 黄芪规格标准

特等：干货。呈圆柱形的单条，斩疙瘩头或喇叭头，顶端间有空心，表面灰白色或淡褐色。质硬而韧。断面外层白色，中间淡黄色或黄色，有粉性。味甘、有生豆气。长70cm以上，上部直径2cm以上，末端直径不小于0.6cm。无须根、老皮、虫蛀、霉变。

一等：干货。呈圆柱形的单条，斩去疙瘩头或喇叭头，顶端有空心。表面灰白色或淡褐色。质硬而韧。断面外层白色，中间淡黄色或黄色，有粉性。味甘、有生豆气。长50cm以上，上中部直径1.5cm以上，末端直径不小于0.5cm。无须根、老皮、虫蛀、霉变。

二等：干货。呈圆柱形的单条，斩去疙瘩头或喇叭头，顶端间有空心，表面灰白色或淡褐色，质硬而韧。断面外层白色，中间淡黄色或黄色，有粉性。味甘、有生豆气。长40cm以上，上中部直径1cm以上，末端直径不小于0.4cm，间有老皮、无须根、虫蛀、霉变。

三等：干货。呈圆柱形单条，斩去疙瘩头或喇叭头，顶端间有空心。表面灰白色或淡褐色。质硬而韧。断面外层白色，中间淡黄色或黄色，有粉性。味甘、有生豆气。不分长短，上中部直径0.7cm以上，末端直径不小于0.3cm，间有破短节子。无须根、虫蛀、霉变。

2. 红芪规格标准

一等：干货。呈圆柱形、单条，斩去疙瘩头或喇叭头，表面红褐色。断面外层白色，中间黄白色。质坚，粉足、味甜。上中部直径1.3cm以上，长33cm以上。无须根、虫蛀、霉变。

二等：干货。呈圆柱形、单条，斩去疙瘩头。表面红褐色。断面外层白色。质坚、粉足、味甜。上中部直径1cm以上，长23cm以上。无须尾、杂质、虫蛀、霉变。

三等：干货。呈圆柱形、单条，斩去疙瘩头。表面红褐色。断面外层白色，中间黄白色。质坚，粉足，味甜，上中部直径0.7cm以上。长短不分，间有破短节子。无须尾、杂质、虫蛀、霉变。

备注：

1. 黄芪的品种较多，应发展优质的蒙古黄芪。

2. 黄芪已逐步改为栽培，为了鼓励发展优质、条粗的大货，增订了中上部直径2cm以上的为特等。

3. 过去标准二三等有侧根，但未规定粗细度，在调拨中容易发生矛盾，故改为单条。

4. 修下的侧根，斩为平头，根据条的粗细度，归入相应的等级内。

012 贝母

1. 浙贝母

本品为百合科植物浙贝母的干燥鳞茎。

元宝贝规格标准：

统货。干货。为鳞茎外层的单瓣片，呈半圆形。表面面白色或黄白色。质坚实，断面粉白色。味甘微苦，无僵个、杂质、虫蛀、霉变。

珠贝规格标准：

统货。干货。为完整的鳞茎，呈扁圆形。表面白色或黄白色。质坚实，断面粉白色。味甘微苦。大小不分，间有松块、僵个、次贝。无杂质、虫蛀、霉变。

2. 川贝母

本品为百合科植物川贝母、暗紫贝母、甘肃贝母或梭砂贝母的干燥鳞茎，前三者按形状不同分别称"松贝"和"青贝"，后者习称"炉贝"

（1）松贝的规格标准

一等：干货。呈类圆锥形或近球形，鳞瓣二，大瓣紧抱小瓣，未抱部分呈新月形，顶端闭口，基部底平。表面白色，体结实，质细腻。断面粉白色。味甘微苦。每50g 240粒以外，无黄贝、油贝、碎贝、破贝、杂质、虫蛀、霉变。

二等：干货。呈类圆锥形或近球形，鳞瓣二，大瓣紧抱小瓣，未抱部分呈新月形，顶端闭口或开口，基部平底或近似平底。表面白色。体结实、质细腻。断面粉白色。味甘微苦，每50g 240粒以内。间有黄贝、油贝、碎贝、破贝。无杂质、虫蛀、霉变。

（2）青贝规格标准

一等：干货。呈扁球形或类圆形，两鳞片大小相似。顶端闭口或开口。基部较平或圆形，表面白色，细腻、体结实。断面粉白色。味淡微苦。每50g在190粒以外。对开瓣不超过20%。无黄贝、油贝、碎贝、杂质、虫蛀、霉变。

二等：干货。呈扁球形或类圆形，两鳞片大小相似。顶端闭口或开口，基部较平或圆形。表面白色、细腻、体结实。断面粉白色。味淡微苦。每50g 130粒以外。对开瓣不超过25%。间有花油贝、花黄贝不超过5%。无全黄贝、油贝、碎贝、杂质、虫蛀、霉变。

三等：干货。呈扁球形或类圆形，两鳞片大小相似。顶端闭或开口。基部较平或圆形。表面白色、细腻、体结实。断面粉白色。味淡微苦。每50g在100粒以外。对开瓣不超过30%。间有油贝、碎贝、黄贝不超过5%。无杂质、虫蛀、霉变。

四等：干货。呈扁球形或类球形，两鳞片大小相似。顶端闭口或开口较多，基部较平或圆形，表面牙白色或黄白色，断面粉白色。味淡微苦。大小粒不分。间有油粒、碎贝、黄贝。无杂质、虫蛀、霉变。

（3）炉贝规格标准

一等：干货。呈长锥形，贝瓣略似马牙。表面白色。体结实。断面粉白色。味苦。大小粒不分。间有油贝及白色破瓣。无杂质、虫蛀、霉变。

二等：干货。呈长锥形，贝瓣略似马牙。表面黄白色或淡黄棕色，有的具有棕色斑点。断面粉白色。味苦。大小粒不分。间有油贝及破瓣。无杂质、虫蛀、霉变。

3．平贝母

本品为百合科植物平贝母的干燥鳞茎。

规格标准：统货：干货。呈圆形扁平。表面白色或黄白色，细腻、光滑，顶端闭口或开口。质坚实。断面白色。味苦微酸。大小粒不分。间有黑脐、碎贝、油贝、焦粒，无全黑枯贝、杂质、虫蛀、霉变。

4．伊贝母

本品为百合科植物新疆贝母或伊犁贝母的干燥鳞茎。

规格标准：统货。干货。呈扁圆形，顶端略尖、闭口或开口，基部平形。表面白色或黄白色。体坚实。断面粉白色。味苦。间有黄斑、油贝、碎贝，无杂质、虫蛀、霉变。

备注：

1．全国的野生贝母，资源逐渐减少，各地野变家种有所发展。由于相互引种的结果，已打破了地区生产范围。因此，贝母的规格标准，仍按不同的形式特征划分。各地所产的贝母，符合那个标准，即按那个标准执行。

2．湖北的贝母。因《药典》尚未收载。可自行制定规格。

013 金银花

本品为忍冬科植物忍冬的干燥花蕾或带开放的花。

1. 密银花规则标准

一等：干货。花蕾呈棒状，上粗下细，略弯曲。表面绿白色，花冠厚质稍硬，握之有顶手感。气清香，味甘微苦。无开放花朵，破裂花蕾及黄条不超过5%。无黑条、黑头、枝叶、杂质、虫蛀、霉变。

二等：干货。花蕾呈棒状，上粗下细，略弯曲。表面绿白色，花冠厚质硬，握之有顶手感。气清香，味甘微苦。开放花朵不超过5%，黑头，破裂花蕾及黄条不超过10%。无黑条、枝叶、杂质、虫蛀、霉变。

三等：干货。花蕾呈棒状，上粗下细，略弯曲。表面绿白色，花冠厚质硬，握之有顶手感。气清香，味甘微苦。开放花朵、黑条、不超过30%。无枝叶、杂质、虫蛀、霉变。

四等：干货。花蕾或开放花朵兼有。色泽不分。枝叶不超过3%。无杂质、虫蛀、霉变。

2. 东银花规格标准

一等：干货。花蕾呈棒状、肥壮、上粗下细，略弯曲。表面黄、白、青色。气清香、味甘微苦。开放花朵不超过5%。无嫩蕾、黑头、枝叶、杂质、虫蛀、霉变。

二等：干货。花蕾呈棒状，花蕾较瘦，上粗下细，略弯曲。表面黄、白、青色。气清香，味甘微苦。开放花朵不超过15%，黑头不超过3%。无枝叶、杂质、虫蛀、霉变。

三等：干货。花蕾呈棒状，上粗下细，略弯曲。花蕾瘦小。外表黄、白、青色。气清香，味甘微苦。开放花朵不超过25%，黑头不超过15%，枝叶不超过1%。无杂质、虫蛀、霉变。

四等：干货。花蕾或开放的花朵兼有。色泽不分，枝叶不超过3%。无杂质、虫蛀、霉变。

3. 山银花规格标准

一等：干货。花蕾呈棒状，上粗下细，略弯曲，花蕾长瘦。表面黄白色或青白色。气清香，味淡微苦。开放花朵不超过20%。无梗叶、杂质、虫蛀、霉变。

二等：干货。花蕾或开放的花朵兼有。色泽不分。枝叶不超过10%。无杂质、虫蛀、霉变。

备注：

1. 密银花　现系指河南省密县、荥阳、登封、新郑、巩县所产的家银花，具有色泽清白、花冠较厚、握之有顶手感特点的银花，均属此类。在国内外都认为是质量最佳的传统品种，故另订一个密银花的规格标准。

2. 山银花　品种来源较多，有的地区采收加工还很粗放，质量较差，产品中枝叶较多，色泽不好。应向农民宣传、指导采摘加工的方法，要求做到保证药品质量。

014　麝香

本品为鹿科动物林麝、马麝或原麝成熟雄体香囊中的干燥分泌物。

毛壳规格标准：

统货，干货。呈球形或扁圆形，囊壳完整，剪净革质盖皮周围的边皮，面皮，灰褐色，囊口周围有灰白色及棕褐色的短毛。内囊皮膜质，无毛、棕褐色。内有饱满柔软的香仁和粉末。质油润。囊内间有少许细柔毛及彩色膜皮、香气特异、浓厚、味微苦辛。无杂质、霉变。

净香规格标准：

统货，干货。为去净外壳的争麝香。有颗粒状香仁和粉末。香仁表面光滑，油润。黑褐色。断面黑红色。粉末呈棕黄色、紫红或棕褐色，间有薄膜俗称银皮。香气浓厚，味微苦辛。无杂质、霉变。

015　枸杞子

本品为茄科植物宁夏枸杞的干燥成熟果实。

1. 西枸杞规格

一等：干货。呈椭圆形或长卵形。果皮鲜红，紫红或红色，糖质多。质柔软滋润。味甜。每50g 370粒以内。无归果、杂质、虫蛀、霉变。

二等：干货。呈椭圆形或长卵形。果皮鲜红或紫红色，糖质多。质柔软滋润。味甜。每50g 580粒以内。无油果、杂质、虫蛀、霉变。

三等：干货。呈椭圆形或长卵形。果皮红褐或淡红色，糖质较少。质柔软滋润。味甜。每50g 900粒以内。无油果、杂质、虫蛀、霉变。

四等：干货。呈椭圆形或长卵形。果皮红褐或淡红色，糖质少。味甜。每50g 1100粒以内。油果不超过15%。无杂质、虫蛀、霉变。

五等：干货。呈椭圆形或长卵形。色泽深浅不一，糖质少，味甜。每50g 1100粒以外，破子，油果不超过30%。无杂质、虫蛀、霉变。

2. 血枸杞规格标准

一等：干货。呈类纺锤形，略扁。果皮鲜红色或深红色。果肉柔润。味甜微酸。每50g 600粒以内。无油果、黑果、杂质、虫蛀、霉变。

二等：干货。呈类纺锤形，略扁。果皮鲜红色或深红色。果肉柔润，味甜微酸。每50g 800粒以内，油果不超过10%。无黑果、杂质、虫蛀、霉变。

三等：干货。呈类纺锤形，略扁。果皮紫红色或淡红色，深浅不一，味甜微酸。每50g 800粒以外，包括油果。无黑果、杂质、虫蛀、霉变。

备注：

枸杞子近年因引种地区较多，由于自然条件不同，产品质量有差别，故分为西宁枸杞，血枸杞两个品种。

1. 西枸杞　系指宁夏、甘肃、内蒙古、新疆等地的产品，具有粒大、糖质足、肉厚、籽少、味甜的特点。

2. 血枸杞　系指河北、山西等地的产品，具有颗粒均匀，皮薄、籽多、糖质较少、色泽鲜红、味甜微酸的特点，各地产品可按相符标准分等，不受地区限制。

016 泽泻

本品为泽泻科植物泽泻的干燥块茎。

1. 建泽泻规格标准

一等：干货。呈椭圆形，撞净外皮及须根。表面黄白色，有细小突出的须根痕。质坚硬。断面浅黄白色，细腻有粉性。味甘微苦。每kg 32个以内。无双花、焦枯、杂质、虫蛀、霉变。

二等：干货。呈椭圆形或卵圆形，撞净外皮及须根。表面灰白色，有细小突起的须根痕。质坚硬。断面黄白色，细腻有粉性。味甘微苦。每kg 56个以内。无双花、焦枯、杂质、虫蛀、霉变。

三等：干货。呈类球形，撞净外皮及须根。表面黄白色，有细小突起的须根痕。质坚硬。断面浅黄白色或灰白色，细腻有粉性。味甘微苦。每kg 56个以外，最小直径不小于2.5cm，间有双花、轻微焦枯，但不超过10%，无杂质、虫蛀、霉变。

2. 川泽泻规格标准

一等干货。呈卵圆形，支净粗皮及须根，底部有瘤状小疙瘩。表面灰黄色。质坚硬。断面淡黄白色。味甘微苦，每kg 50个以内。无焦枯、碎块、杂质、虫蛀、霉变。

二等：干货。呈卵圆形，撞净粗皮及须根，底部有瘤状小疙瘩，表面灰黄色。质坚硬。断面淡黄白色。味甘微苦。每kg 50个以外，最小直径不小于2cm。间有少量焦枯、碎块，但不超过10%。无杂质、虫蛀、霉变。

备注：

泽泻根据主产地区福建、四川分为建泽泻与川泽泻两个品种。其他地区引自哪里，即按哪种标准执行。

017 附子

本品为毛茛科植物乌头的子根的加工品。

1. 盐附子规格标准

一等：呈圆锥形，上部肥满有芽痕，下部有支根痕。表面黄褐色或黑褐色，附有结晶盐粒。体质沉重。断面黄褐色。味咸而麻、刺舌。每公斤16个以内。无空心、腐烂。

二等：呈圆锥形，上部肥满有芽痕，下部有支根痕。表面黄褐色或黑褐色，附有结晶盐粒。体质沉重。断面黄褐色。味咸而麻、刺舌。每公斤24个以内。无空心、腐烂。

三等：呈圆锥形，上部肥满有芽痕，下部有支根痕。表面黄褐色或黑褐色。附有结晶盐粒。体质沉重。断面黄褐色。味咸而麻、刺舌。每公斤80个以内。间有小药扒耳，但直径不小于2.5cm。无空心、腐烂。

2. 附片规格标准

白片规格标准：

一等：干货。为一等附子去净外皮，纵切成厚0.2～0.3cm的薄片。片面白色。呈半透明体。片张大、均匀。味淡。无盐软片、霉变。

二等：干货。为二等附子去净外皮，纵切成厚0.2～0.3cm的薄片。片面白色。呈半透明体。片张较小，均匀。味淡。无盐软片、霉变。

三等：干货。为三等附子去净外皮，纵切成0.2～0.3cm的薄片。片面白色。呈半透明体。片张小，均匀。味淡。无盐软片、霉变。

熟片的规格标准：

统货。干货。为一等附子去皮去尾，横切成厚0.3～0.5cm的圆形厚片。片面冰糖色，油面光泽。呈半透明体。无盐软片、霉变。

挂片规格标准：

统货。干货。为二三等附子各50%去皮纵切两瓣。片面冰糖色或褐色。油面光泽，呈半透明状。块瓣均匀。味淡或微带麻辣。每500g80瓣左右。无白心、盐软瓣、霉变。

黄片规格标准：

统货。干货。为一、二等附子各50%。去皮去尾。横切成0.3～0.5cm的厚片。片面黄色，薄厚均匀。味淡。无白心、尾片、盐软片、霉变。

黑顺片规格标准：

统货。干货。为二三等附子不去外皮，顺切成0.2～0.3cm的薄片。边黑褐色。片面暗黄色。油面光滑。片张大小不一，薄厚均匀。味淡。无盐软片、霉变。

备注：

1. 附片过去规格较多，现根据产销习惯，只保留五个规格。

2. 新引种产区的附子加工方法应注意改进，保证质量。

3. 盐附子与附片的调拨折合率为3.5∶1。

4. 鲜附子可参照盐附子升降率制订等级。

018 酸枣仁

本品为鼠李科植物酸枣的干燥成熟种子。

规格标准：

一等：干货。呈扁圆形或扁椭圆形，饱满。表面深红色或紫褐色，有光泽。断面内仁浅黄色，有油性。味甘淡。核壳不超过2%。碎仁不超过5%。无黑仁、杂质、虫蛀、霉变。

二等：干货。呈扁圆形或扁椭圆形，较瘪瘦。表面深红色或棕黄色。断面内仁浅黄色。有油性。味甘淡。核壳不超过5%，碎仁不超过10%。无杂质、虫蛀、霉变。

备注：

坚决不收未成熟的酸枣果或核。

019 山药

本品为薯蓣科植物薯蓣的干燥根茎。

光山药规格标准：

一等：干货。呈圆柱形，条均挺直，光滑圆润，两头平齐。内外均匀为白色。质坚实，粉性足。味淡。长15cm以上，直径2.3cm以上。无裂痕、空心、炸头、杂质、虫蛀、霉变。

二等：干货。呈圆柱形，条均挺直，光滑圆润，两头平齐。内外均匀为白色。质坚实，粉性足。味淡。长13cm以上，直径1.7cm以上。无裂痕、空心、炸头、杂质、虫蛀、霉变。

三等：干货。呈圆柱形。条均挺直，光滑圆润，两头平齐。内外均为白色。质坚实，粉性足。味淡。长10cm以上，直径1cm以上。无裂痕、空心、炸头、杂质、虫蛀、霉变。

四等：干货。呈圆柱形，条均挺直，光滑圆润，两头平齐。内外均为白色。质坚实，粉性足。味淡。直径0.8cm以上，长短不分，间有碎块。无杂质、虫蛀、霉变。

毛山药规格标准：

一等：干货。呈长条形，弯曲稍扁，有顺皱纹或抽沟，去净外皮。内外均为白色或黄白色，有粉性。味淡。长15cm以上，中部围粗10cm以上。无破裂、空心、黄筋、杂质、虫蛀、霉变。

二等：干货。呈长条形，弯曲稍扁，有顺皱纹或抽沟，去净外皮。内外均为白色或黄白色，有粉性。味淡。长10cm以上，中部围粗6cm以上。无破裂、空心、黄筋、杂质、虫蛀、霉变。

三等：干货。呈长条形，弯曲稍扁，有顺皱纹或抽沟，去净外皮。内外均为白色或黄白色，有粉性。味淡。长10cm以上，中部围粗3cm以上。间有碎块。无杂质、虫蛀、霉变。

备注：

1. 山药的规格，是指长条形家种山药加工的，不包括野生山药或家种山药的加工品。

2. 光山药与毛山药的疗效相同，为节省劳力和费用，今后国内销售应以毛山药为主。

3. 毛山药长条形稍扁、两头粗细不一，故按中部围粗划分等级。光山药为加工搓圆品，条干粗细均匀，故仍按直径大小分等。

020 牛黄

本品为牛科动物牛干燥的胆结石。

天然牛黄规格标准：

一等：干货。牛的胆结石呈卵形，类球形或三角形。表面金黄色或黄褐色，有光泽。质松脆。断面棕黄色或金黄色，有自然形成层。气清香，味微苦后甜。大小块不分，间有碎块。无管黄、杂质、霉变。

二等：干货。牛的胆管结石呈管状（管黄）或胆汁渗入的各种块黄。表面黄褐色或棕褐色。断面棕褐色，有自然形成层。气清香，味微苦。无杂质、霉变。

备注：

人工合成牛黄的规格应按以卫生部确定的质量标准为准。

021 枳壳、枳实

本品为芸香科植物酸橙的干燥未成熟果实（枳壳）或幼果（枳实）。

1. 枳壳规格标准

一等：干货。横切对开，呈扁圆形。表面绿褐色或棕褐色，有颗粒状突起。切面黄白色或淡黄色，肉厚、瓤小。质坚硬。气清香，味苦微酸。直径3.5cm以上，肉厚0.5cm以上。无虫蛀、霉变。

二等：干货。横切对开。呈扁圆形。表面绿褐色或棕褐色，有颗粒状突起。切面黄白色或淡黄色，肉薄，质坚硬。气清香，味苦微酸。直径2.5cm以上，肉厚0.5cm以上。无虫蛀、霉变。

2. 枳实规格标准

一等：干货。幼果横切两瓣，呈扁圆片形，隆起，表面黑色或黑褐色，具颗粒状突起和皱纹。切面果肉黄白色。肉厚瓤小，质坚硬。气清香，味苦微酸。直径1.5~2.5cm。无杂质、虫蛀、霉变。

二等：干货。幼果横切两瓣，呈扁形，表面黑色或黑褐色，具颗粒状突起和皱纹。切面隆起，果肉黄白色，肉厚瓤小，质坚硬，气清香。味苦微酸。直径1.5cm以下。间有未切的个子，但不得超过30%。无杂质、虫蛀、霉变。

备注：

枳壳、枳实系按四川、江西、湖南主产的酸橙果实制订的标准，其他习惯用的枳壳、枳实，可自行制订标准

022 槟榔

本品为棕榈科植物槟榔的干燥成熟种子。

规格标准：

一等：干货。呈扁圆形或圆锥形。表面淡黄色或棕黄色。质坚实。断面有灰白色与红棕色交错的大理石样花纹。味涩微苦。每公斤160个以内。无枯心、破碎、杂质、虫蛀、霉变。

二等；干货。呈扁圆形或圆锥形。表面淡黄色或棕黄色。质坚实。断面有灰白色与红棕色交错的大理石样花纹。味涩微苦。每公斤160个以外，间有碎、枯心、不超过5%，轻度虫蛀不超过3%。无杂质、霉变.

023 山茱萸

本品为山茱萸科植物山茱萸的干燥成熟果肉。

规格标准：

统货，干货。果肉呈不规则的片状或囊状。表面鲜红、紫红色至暗红色，皱缩、有光泽。味酸涩。果核不超过3%。无杂质、虫蛀、霉变。

024 红花

本品为菊科植物红花的干燥花。

规格标准：

一等：干货。管状花皱缩弯曲，成团或散在。表面深红、鲜红色，微带淡黄色。质较软，有香气，味微苦、无枝叶、杂质、虫蛀、霉变。

二等：干货。管状花皱缩弯曲，成团或散在。表面浅红、暗红或黄色。质较软，有香气，味微苦、无枝叶、杂质、虫蛀、霉变。

备注：

红花的等级是按传统习惯制定的。浙江红花可按地区习惯自行制订。

025 菊花

本品为菊科植物菊的干燥头状花序。

1．亳菊花规格标准

一等：干货。呈圆盘或扁扇形。花朵大、瓣密、肥厚、不露心、白色，近基部微带红色。体轻，质柔软。气清香，味甘微苦，无散朵、枝叶、杂质、虫蛀、霉变。

二等：干货。呈圆盘或扁扇形。花朵中个、色微黄，近基部微带红色。气芳香，味甘微苦。无散朵、枝叶、杂质、虫蛀、霉变。

三等：干货。呈圆盘形或扁扇形。花朵小，色黄或暗。间有散朵。叶棒不超过5%。无杂质、虫蛀、霉变。

2．滁菊花规格标准

一等：干货。呈绒球状或圆形（多为头花）朵大色粉白、花心较大、黄色。质柔。气芳香，味甘微苦。不散瓣。无枝叶、杂质、虫蛀、霉变。

二等：干货。呈绒球状或圆形（即二水花）。色粉白。朵均匀，不散瓣、无枝叶、杂质、虫蛀、霉变。

三等：干货。呈绒球状，朵小、色次（即尾花）。间有散瓣、并条，无杂质、虫蛀、霉变。

3．贡菊花规格标准

一等：干货。花头较小，圆形，花瓣密、白色。花蒂绿色，花心小、淡黄色、均匀不散朵，体轻、质柔软。气芳香，味甘微苦。无枝叶、杂质、虫蛀、霉变。

二等：干货。花头较小，圆形色白、花心淡黄色，朵欠均匀，气芳香，味甘微苦。无枝叶、杂质、虫蛀、霉变。

三等：干货。花头小，圆形白色，花心淡黄色，朵不均匀。气芳香，味甘微苦，间有散瓣。无枝叶、杂质、虫蛀、霉变。

4．药菊（怀菊、川菊、资菊）规格标准

一等：干货。呈圆形盘或扁扇形。朵大、瓣长，肥厚。花黄白色，间有淡红或棕红色。质松而柔。气芳香，味微苦。无散朵、枝叶、杂质、虫蛀、霉变。

二等：干货。呈圆形或扁扇形。朵较瘦小，色泽较暗。味微苦。间有散朵。无杂质、虫蛀、霉变。

5. 杭白菊规格标准

一等：干货。蒸花呈压缩状。朵大肥厚，玉白色。花心较大、黄色。气清香，味甘微苦。无霜打花、蒲汤花、生花、枝叶、杂质、虫蛀、霉变。

二等：干货。蒸花呈压缩状。花朵小、玉白色、心黄色。气清香，味甘微苦。间有不严重的霜打花和蒲汤花。无枝叶、杂质、虫蛀、霉变。

6. 汤菊花规格标准

一等：干货。蒸花呈压缩状。朵大肥厚，色黄亮。气清香，味甘微苦。无严重的霜打花和蒲汤花、生花、枝叶、杂质、虫蛀、霉变。

二等：干货。蒸花呈压缩状。花朵小、较瘦薄、黄色。气清香，味甘微苦。间有霜打花和蒲汤花。无黑花、枝叶、杂质、虫蛀、霉变。

备注：

菊花的产区较多，花形各异，所订的规格标准，是按照花形不同结合传统名称制订的。新产区产品，符合哪个品种，即按哪个品种规格分行等。

026 牛膝

1. 怀牛膝

本品为苋科植物牛膝的干燥根。

规格标准：

一等：（头肥）干货。呈长条圆柱形。内外黄白色或浅棕色。味淡微甜。中部直径0.6cm以上。长50cm以上。根条均匀。无冻条、油条、破条、杂质、虫蛀、霉变。

二等：（二肥）干货。呈长条圆柱形。内外黄白色或浅棕色。味淡微甜。中部直径0.4cm以上，长35cm以上。根条均匀。无冻条、油条、破条、杂质、虫蛀、霉变。

三等：（平条）干货。根呈长条圆柱形。内外黄白色或浅棕色。味淡微甜。中部直径0.4cm以下，但不小于0.2cm，长短不分，间有冻条、油条、破条。无杂质、虫蛀、霉变。

2. 川牛膝

本品为苋科植物川牛膝的干燥根。

规格标准：

一等：干货。呈曲直不一的长圆柱形、单支。表面灰黄色或灰褐色。质柔。断面棕色或黄白色，有筋脉点。味甘微苦。上中部直径1.8cm以上。无芦头、须毛、杂质、虫蛀、霉变。

二等：干货。呈曲直不一的长圆柱形，单支。表面灰黄色或灰褐色。质柔。断面棕色或黄白色，有筋脉点。味甘微苦。上中部直径1cm以上。无芦头、须毛、杂质、虫蛀、霉变。

三等：干货。呈曲直不一的长圆柱形、单支。表面灰黄色或灰褐色。质柔。断面棕色或黄白色，有筋脉点。味甘微苦。上中部直径1cm以下，但不小于0.4cm，长短不分。无芦头、毛须、杂质、虫蛀、霉变。

备注：

1. 怀牛膝的等级，是按主产区河南省制订的。其它地区，凡引种此品种者，亦按此规定分等级。

2. 川牛膝　系指四川主产者，其他地区所产此品种，亦按此分等。

027　白芷

本品为伞形科植物白芷或杭白芷的干燥根。

规格标准：

一等：干货。呈圆锥形。表面灰白色或黄白色。体坚。断面白色或黄白色，具粉性。有香气，味辛微苦。每公斤36支以内。无空心、黑心、芦头、油条、杂质、虫蛀、霉变。

二等：干货。呈圆锥形。表面灰白色或黄白色。体坚。断面白色或黄白色，具粉性。有香气，味辛微苦。每公斤60支以内。无空心、黑心、芦头、油条、杂质、虫蛀、霉变。

三等：干货。呈圆锥形。表面灰白色或白黄色。具粉性。有香气，味辛微苦。每公斤60支以外，顶端直径不得小于0.7cm。间有白芷尾、黑心、异状、油条，但总数不得超过20％。无杂质、霉变。

028　三七

本品为五加科植物三七的干燥根。

春三七规格标准：

一等：（20头）干货。呈圆锥形或类圆柱形。表面灰黄色或黄褐色。质坚实、体重。断面灰褐色或灰绿色。味苦微甜。每500g 20头以内。长不超过6cm。无杂质、虫蛀、霉变。

二等：（30头）干货。呈圆锥形或类圆柱形。表面灰黄色或黄褐色。质坚实、体重。断面灰褐色或灰绿色。味苦微甜。每500g 30头以内。长不超过6cm。无杂质、虫蛀、霉变。

三等：（40头）干货。呈圆锥形或类圆柱形。表面灰黄色或黄褐色。质坚实、体重。断面灰褐色或灰绿色。味苦微甜。每500g 40头以内。长不超过5cm。无杂质、虫蛀、霉变。

四等：（60头）干货。呈圆锥形或类圆柱形。表面灰黄色或黄褐色。质坚实、体重。断面灰褐色或灰绿色。味苦微甜。每500g 60头以内。长不超过4cm。无杂质、虫蛀、霉变。

五等：（80头）干货。呈圆锥形或类圆柱形。表面灰黄色或黄褐色。质坚实、体重。断面灰褐色或灰绿色。味苦微甜。每500g 80头以内。长不超过3cm。无杂质、虫蛀、霉变。

六等：（120头）干货。呈圆锥形或类圆柱形。表面灰黄色或黄褐色。质坚实、体重。断面灰褐色或灰绿色。味苦微甜。每500g 120头以内。长不超过2.5cm。无杂质、虫蛀、霉变。

七等：（160头）干货。呈圆锥形或类圆柱形。表面灰黄色或黄褐色。质坚实、体重。断面灰褐色或灰绿色。味苦微甜。每500g 160头以内。长不超过2cm。无杂质、虫蛀、霉变。

八等：（200头）干货。呈圆锥形或类圆柱形。表面灰黄色或黄褐色。质坚实、体重。断面灰褐色或灰绿色。味苦微甜。每500g 200头以内。无杂质、虫蛀、霉变。

九等：（大二外）干货。呈圆锥形或类圆柱形。表面灰黄色或黄褐色。质坚实、体重。断面灰褐色或灰绿色。味苦微甜。长不超过1.5cm。每500g在250头以内。无杂质、虫蛀、霉变。

十等：（小二外）干货。呈圆锥形或类圆柱形。表面灰黄色或黄褐色。质坚实、体重。断面灰褐色或灰绿色。味苦微甜。长不超过1.5cm。每500g 300头以内。无杂质、虫蛀、霉变。

十一等：（无数头）：干货。呈圆锥形或类圆柱形。表面灰黄色或黄褐色。质坚实、体重。断面灰褐色或灰绿色。味苦微甜。长不超过1.5cm。每500g 450头以内。无杂质、虫蛀、霉变。

十二等：（筋条）：干货。呈圆锥形或类圆柱形。间有从主根上剪下的细支根（筋条）。表面灰黄色或黄褐色。质坚实、体重。断面灰褐色或灰绿色。味苦微甜。不分春、冬七每500g在450～600头以内。支根上端直径不低于0.8cm，下端直径不低于0.5cm。无杂质、虫蛀、霉变。

十三等：（剪口）：干货。不分春冬七，主要是三七的芦头（羊肠头）及糊七（未烤焦的）均为剪口。无杂质、虫蛀、霉变。

冬三七规格标准：

各等头数与春七相同。但冬三七的表面灰黄色。有皱纹或抽沟（拉槽）。不饱满，体稍轻。断面黄绿色。无杂贡、虫蛀、霉变。

备注：

1. 三七分春七、冬七两类。"春七"是打去花蕾，在七月收获的，体重色好，产量、质量均佳，应提倡生产"春七"。"冬七"是结籽后起收的，体大质松。除有计划的留籽外，不宜生产"冬七"。

2. "冬七"外皮多皱纹抽沟，本轻泡，比"春七"质量差，其分等的颗粒标准均与"春七"同，不另分列。

029 郁金

本品为姜科植物郁金、广西莪术、姜黄或莪术的干燥块根。

1. 川郁金

黄丝规格标准：

一等：干货。呈类卵圆形。表面灰黄色或灰棕色，皮细，略现细皱纹。质坚实，断面角质状，有光泽，外层黄色。内心金黄色有姜气，味辛香。每公斤600粒以内，剪净残蒂。无刀口、破瓣、无杂质、虫蛀、霉变。

二等：干货。呈类卵圆形。表面灰黄色或灰棕色，皮细，略现细皱纹。质坚实，断面角质状，有光泽，外层黄色。内心金黄色有姜气，味辛香。每公斤600粒以外，直径不小于0.5cm。间有刀口、破瓣、无杂质、虫蛀、霉变。

2. 桂郁金

绿白丝规格标准：

一等：干货。呈纺锤形、卵圆形或长椭圆形。表面灰黄或灰白色，有较细的皱纹。质坚实而稍松脆。断面角质状，淡黄白色。微有姜气，味辛苦。每公斤600粒以内，剪净残蒂。无刀口、破瓣。无杂质、虫蛀、霉变。

二等：干货。呈纺锤形、卵圆形或长椭圆形。表面灰黄或灰白色，有较细的皱纹。质坚实而稍松脆，断面角质状，淡黄白色。略有姜气，味辛苦。每公斤600粒以外，直径不小于0.5cm。间有刀口、破瓣。无杂质、虫蛀、霉变。

桂郁金规格标准：

统货。干货。呈纺锤形或不规则的弯曲形，体坚实。表面灰白色、断面淡白或黄白色，角质发亮，略有姜气、味辛苦。大小不分，但直径不得小于0.6cm。无杂质、虫蛀、霉变。

3. 温郁金

绿丝规格标准：

一等：干货。呈纺锤形，稍扁，多弯曲，不肥满。表面灰褐色，具纵直或杂乱的皱纹。质坚实，断面角质状，多为灰黑色。略有姜气，味辛苦。每公斤280粒以内。无须根、杂质、虫蛀、霉变。

二等：干货。呈纺锤形，稍扁，多弯曲，不肥满。表面灰褐色，具纵直或杂乱的皱纹。质坚实，断面角质状，多为灰黑色。略有姜气，味辛苦。每公斤280粒以外，但直径不小于0.5cm。间有刀口、破碎、无须根、杂质、虫蛀、霉变。

备注：

郁金，根据各产区品种不同，形色有异的特点，划分为三个品别。

1. 川郁金分黄绿、白绿丝两个规格。

2. 桂郁金多产于广西、四川、云南。

3. 温郁金多产于浙江各地。

030 使君子

本品为使君子科植物使君子的干燥成熟果实。

使君子规格标准：

统货。干货。呈椭圆形，具五条纵棱。表面黑褐色或紫褐色，平滑有光泽。破开后内有种子一枚，黄白色，有油性。味微甜。间有瘪仁、油仁，但不得超过20%。无空壳、虫蛀、霉变。

君子仁规格标准：

统货。干货。种子呈纺锤形。表面棕褐色或黑褐色，有多数纵皱纹，种皮薄，易剥离。断面黄白色、有油性。味微甜。间有瘪仁、油仁，不超过15%。无杂质、虫蛀、霉变。

备注：

药用配方，多采用君子仁，故应提倡在产区加工为君子仁干燥密封后外调。

031　元胡（延胡索）

本品为罂粟科植物延胡索的干燥块茎。

规格标准：

一等：干货。呈不规则的扁球形。表面黄棕色或灰黄色，多皱缩。质硬而脆。断面黄褐色，有蜡样光泽，味苦微辛。每50g 45粒以内。无杂质、虫蛀、霉变。

二等：干货。呈不规则的扁球形。表面黄棕色或灰黄色，多皱缩。质硬而脆，断面黄褐色，有蜡样光泽，味苦微辛。每50g 45粒以外。无杂质、虫蛀、霉变。

032　木香

本品为菊科植物木香的干燥根。

云木香规格标准：

一等：干货，呈圆柱形或半圆柱形。表面棕黄色或灰棕色。体实。断面黄棕色或黄绿色，具油性。气香浓，味苦而辣。根条均匀，长8～12cm，最细的一端直径在2cm以上。不空、不泡、不朽。无芦头、根尾、焦枯、油条、杂质、虫蛀、霉变。

二等：干货，呈不规则的条状或块状。表面棕黄色或灰棕色。体实。断面黄棕色或黄绿色。具油性。气香浓，味苦而辣。长3～10cm，最细的一端直径在0.8cm以上。间有根头根尾、碎节、破块。无须根、枯焦、杂质、虫蛀、霉变。

033　玄参

本品为玄参科植物玄参的干燥根。

规格标准：

一等：干货。呈类纺锤形或长条形。表面灰褐色，有纵纹及抽沟。质坚韧。断面黑褐色或黄褐色。味甘微苦咸。每kg 36支以内，支头均匀。无芦头、空泡、杂质、虫蛀、霉变。

二等：干货。呈类纺锤形或长条形。表面灰褐色，有纵纹及抽沟。质坚韧。断面黑褐色或黄褐色。味甘微苦咸。每公斤72支以内。无芦头，空泡、杂质、虫蛀、霉变。

三等：干货。呈类纺锤形或长条形。表面灰褐色，有纵纹及抽沟。质坚韧。断面黑褐色或黄褐色。味甘微苦咸。每公斤72支以外，个头最小在5g以上。间有破块。无芦头、杂质、虫蛀、霉变。

034　北沙参

本品为伞形科植物珊瑚菜的干燥根。

规格标准：

一等：干货。呈细长条柱形，去净栓皮。表面黄白色。质坚而脆。断面皮部淡黄白色，有黄色木质心。微有香气，味微甘。条长34cm以上，上中部直径0.3～0.6cm。无芦头、细尾须、油条、虫蛀、霉变。

二等：干货。呈细长条圆柱形，去净栓皮。表面黄白色。质坚而脆。断面皮部淡黄白色，有黄色木质心。微有香气，味微甘。条长23cm以上，上中部直径0.3～0.6cm。无芦头、细尾须、油条。杂质、虫蛀、霉变。

三等：干货。呈细长条圆柱形，去净栓皮。表面黄白色。质坚而脆。断面皮部淡黄白色，有黄色木质心。微有香气，味微甘。条长22cm以下，粗细不分，间有破碎。无芦头、细尾须、杂质、虫蛀、霉变。

035 天麻

本品为兰科植物天麻的干燥块茎。

规格标准：

一等：干货。呈长椭圆形。扁缩弯曲，去净栓皮，表面黄白色，有横环纹，顶端有残留茎基或红黄色的枯芽。末端有圆盘状的凹脐形疤痕。质坚实、半透明。断面角质，牙白色。味甘微辛。每公斤26支以内，无空心、枯炕、杂质、虫蛀、霉变。

二等：干货。呈长椭圆形。扁缩弯曲，去净栓皮，表面黄白色，有横环纹，顶端有残留茎基或红黄色的枯芽。末端有圆盘状的凹脐形疤痕。质坚实、半透明。断面角质，牙白色。味甘微辛。每公斤46支以内，无空心、枯炕、杂质、虫蛀、霉变。

三等：干货。呈长椭圆形。扁缩弯曲，去净栓皮，表面黄白色，有横环纹，顶端有残留茎基或红黄色的枯芽。末端有圆盘状的凹脐形疤痕。质坚实、半透明。断面角质，牙白色或棕黄色稍有空心。味甘微辛。每公斤90支以内，大小均匀。无枯炕、杂质、虫蛀、霉变。

四等：干货。每公斤90支以外。凡不合一、二、三等的碎块、空心及未去皮者均属此等。无芦茎、杂质、虫蛀、霉变。

备注：

家种或野生天麻，均按此分等。

036 木瓜

本品为蔷薇科植物贴梗海棠的干燥成熟果实。

皱皮木瓜规格标准：

统货：干货。纵剖成半圆形。表面紫红或棕红色、皱缩。切面远缘向内卷曲，中心凹陷，紫褐色或淡棕色，有种子或脱落。质坚硬、肉厚。味酸而涩。无光皮、焦枯、杂质、虫蛀、霉变。

备注：

光皮木瓜（木梨）不包括在内。

037 牡丹皮

本品为毛茛科植物牡丹的干燥根皮。

1. 凤丹规格标准

一等：干货。呈圆筒状，条均匀微弯，两端剪平，纵形缝口紧闭，皮细肉厚。表面褐色，质硬而脆。断面粉白色，粉质足，有亮银星，香气浓，味微苦涩。长6cm以上，中部围粗2.5cm以上。无木心、青丹、杂质、霉变。

二等：干货。呈圆筒状，条均匀微弯，两端剪平，纵形缝口紧闭，皮细肉厚，表面褐色，质硬而脆。断面粉白色，粉质足，有亮银星，香气浓，味微苦涩。长5cm以上，中部围粗1.8cm以上。无木心、青丹、杂质、霉变。

三等：干货。呈圆筒状，条均匀微弯，两端剪平，纵形缝口紧闭，皮细肉厚，表面褐色，质硬而脆，断面粉白色，粉质足，有亮银星。香气浓，味微苦涩。长4cm以上，中部围粗1cm以上。无木心、杂质、霉变。

四等：干货。凡不合一、二、三等的细条及断支碎片，均属此等。但是小围粗不低于0.6cm，无木心、碎末、杂质、霉变。

2. 连丹规格标准

一等：干货。呈圆筒状，条均匀。稍弯曲，表面灰褐色或棕褐色，栓皮脱落处呈粉棕色。质硬而脆，断面粉白或淡褐色，有粉性、有香气，味微苦涩。长6cm以上，中部围粗2.5cm以上，碎节不超过5%。去净木心。无杂质、霉变。

二等：干货。呈圆筒状，条均匀。稍弯曲，表面灰褐或淡褐色，栓皮脱落处呈粉棕色，质硬而脆。断面粉白或淡褐色，有粉性。有香气、味微苦涩。长5cm以上。中部围粗1.8cm以上，碎节不超过5%。无青丹、杂质、霉变。

三等：干货。呈圆筒状，条均匀。稍弯曲，表面灰褐或棕褐色，栓皮脱落处呈粉棕色，质硬而脆。断面粉白或淡褐色，有粉性。有香气、味微苦涩。长4cm以上。中部围粗1cm以上，碎节不超过5%。无青丹、木心、杂质、碎末、杂质、霉变。

四等：干货。凡不合一、二、三等的细条，及断支碎片均属此等。但最小围粗不低于0.6cm，无木心、碎末、杂质、霉变。

3. 刮丹规格标准

一等：干货。呈圆筒状，条均匀，刮去外皮。表面粉红色，在节疤，皮孔根痕处偶有未去净的栓皮，形成棕褐色的花斑。质坚硬，断面粉白色，有粉性。气香浓，味微苦涩，长6cm以上，中部围粗2.4cm以上。皮刮净，色粉红，碎节不超5%。无木心、杂质、霉变。

二等：干货。呈圆筒状，条均匀，刮去外皮。表面粉红色，在节疤、皮孔根痕处偶有未去净外皮，形成棕褐色的花斑。质坚硬。断面粉白色。有粉性。香气浓，味微苦。长5cm以上，中部围粗1.7cm以上，皮刮净，色粉红，碎节不超过5%。无木心、杂质、霉变。

三等：干货。呈圆筒状，条均匀，刮去外皮。表面粉红色，在节疤、皮孔根痕处偶有未去净的栓皮，形成棕褐色的花斑。质坚硬。断面粉白色，有粉性。香气浓，味微苦涩。长4cm以上，中部围粗0.9cm以上。皮刮净，色粉红，碎节不超过5%。无木心、杂质、霉变。

四等：干货。凡不合一、二、三等长度的断支碎片均匀属此等。无木心、碎末、杂质、霉变。

备注：

枯死、病株，霉变、含木心者以及土层上的青根一律不收。刮丹皮未刮净但符合连丹标准者按连丹收购。

038 羌活

本品为伞形植物羌活或宽叶羌活的干燥根茎及根。

川羌规格标准：

一等：（蚕羌）干货。呈圆柱形。全体环节紧密，似蚕状。表面棕黑色。体轻质松脆。断面有紧密的分层，呈棕、紫、黄白色相间的纹理。气清香纯正，味微苦辛。长3.5cm以上，顶端直径1cm以上。无须根、杂质、虫蛀、霉变。

二等：（条羌）干货。呈长方形。表面棕黑色，多纵纹。体轻质脆。断面有紧密的分层，呈棕紫、黄、白相间的纹理。气清香纯正，味微苦辛。长短大小不分，间有破碎。无芦头、杂质、虫蛀、霉变。

西羌规格标准：

一等：（蚕羌）干货。呈圆柱形，全体环节紧密，似蚕状。表面棕黑色，体轻质松脆。断面紧密分层，呈棕紫白色相同的纹理，气微，味微苦辛。无须根、杂质、虫蛀、霉变。

二等：（大头羌）干货。呈瘤状突起，不规则的块状。表面棕黑色。体轻质脆。断面具棕黄色相间的纹理。气微，味微苦辛。无细须根、杂质、虫蛀、霉变。

三等：（条羌）干货。呈长条形。表面暗棕色，多纵纹，香气较淡，味微辛苦。间有破碎，无细须根、杂质、虫蛀、霉变。

备注：

羌活分川羌与西羌两种。

1. 川羌系指四川的阿坝、甘孜等地所产的羌活。

2. 西羌系指甘肃、青海所产的羌活。

3. 其他各地所产的羌活，可根据以上两种羌活的品质、形态、近于那种、即按那种分等。

039 款冬花

本品为菊科植物款冬的干燥花蕾，

规格标准：

一等:干货。呈长圆形，单生或2～3个基部连生，苞片呈鱼鳞状，花蕾肥大，个头均匀，色泽鲜艳。表面紫红或粉红色，体轻，撕开可见絮状毛茸。气微香，味微苦。黑头不超过3%。花柄长不超过0.5cm。无开头、枝杆、杂质、虫蛀、霉变。

二等：干货。呈长圆形，苞片呈鱼鳞状，个头瘦小，不均匀，表面紫褐色或暗紫色，间有绿白色，体轻，撕开可见絮状毛茸。气微香，味微苦。开头、黑头均不超过10%，花柄长不超过1cm。无枝杆、杂质、虫蛀、霉变。

备注：

冬花采集加工不善，极易变质，产地应向农民宣传指导，注意保证质量。

040 杜仲

本品为杜仲科植物杜仲的干燥树皮。

规格标准：

特等：干货。呈平板状，两端切齐，去净粗皮。表面呈灰褐色，里面黑褐色、质脆。断处有胶丝相连。味微苦。整张长70～80cm，宽50cm以上。厚0.7cm以上，碎块不超过10%。无卷形、杂质、霉变。

一等：干货。呈平板状，两端切齐，去净粗皮。表面呈灰褐色，里面黑褐色。质脆。断处有胶丝相连，味微苦。整张长40cm以上，厚0.5cm以上，碎块不超过10%。无卷形、杂质、霉变。

二等：干货。呈板片状或卷曲状。表面呈灰褐色，里面青褐色、质脆。断处有胶丝相连，味微苦。整张长40cm以上，宽30cm以上，厚0.3cm以上。碎块不超过10%。无杂质、霉变。

三等：干货。凡不合特一、二等标准，厚度最薄不得小于0.2cm，包括枝皮、根皮、碎块，均属此等。无杂质、霉变。

备注：

1. 杜仲以宽度和厚度为确定等级的主要标准，长度只作参考。

2. 四川尚产有部分薄仲，特点是皮薄，花纹细致，质量较好，其等级厚度不限，长宽均与厚仲相同，四川可自行制订标准。

3. 胸高直径在12cm以下的幼树，立严禁砍剥。

041 五味子

本品为木兰科植物五味子或华中五味子的干燥成熟果实。前者习称"北五味"，后者习称"南五味。"

1. 北五味规格标准

一等：干货。呈不规则球形或椭圆形。表面紫红色或红褐色，皱缩，肉厚，质柔润。内有肾形种子1～2粒。果肉味酸，种子有香气，味辛微苦。干瘪粒不超过2%，无枝梗、杂质、虫蛀、霉变。

二等：干货。呈不规则球形或椭圆形。表面黑红、暗红或淡红色，皱缩，内较薄，内有肾形种子1～2粒。果肉味酸，种子有香气，味辛微苦。干瘪粒不超过20%。无枝梗、杂质、虫蛀、霉变。

2. 南五味规格标准

统货：干货。呈球形或椭圆形。表面棕红色或暗棕色，皱缩肉薄。肉有种子一粒。味酸微苦辛。干枯粒不超过10%，无枝梗、杂质、虫蛀、霉变。

042 细辛

本品为马兜铃科植物北细辛或华细辛的干燥全草（注《中国药典》现行版已将细辛变更为马兜铃科植物北细辛或华细辛的干燥根）

1. 北细辛规格标准

野生：

统货：干货。呈顺长卷曲状。根茎多节，须根细，须毛多，土黄色或灰褐色。叶片心形，先端急尖，小而薄，灰绿色，叶柄细长，花蕾较多，暗紫色。有浓香气，味辛辣。无泥土、杂质、霉变。

家种：

统货：干货。呈顺长卷曲状。根茎多节，须根较粗长均匀，须毛少，土黄色或灰褐色。叶片心形，大而厚，黄绿色，叶柄粗短，花蕾较少，暗紫色。有浓香气，味辛辣。无泥土、杂质、霉变。

2. 华细辛规格标准

统货：干货。呈顺长卷曲状。根节细密，须根粗大。叶片心形，先端较尖，较薄，叶柄密生或散生较长的毛。气味均较北细辛弱。无泥土、杂质、霉变。

备注：

细辛规格系按《药典》收载的品种制订的。

1. 北细辛习称辽细辛，指东北三省所产的细辛，（包括汉城细辛）叶柄有毛。

2. 华细辛指陕西华县所产的细辛。

3. 北细辛野生变家种后植株和产品有差异，故以家种和野生分规格。

043 僵蚕

本品为蚕蛾科昆虫家蚕4～5龄的幼虫感染或人工接种的白僵菌而致死的干燥僵体。

规格标准：

统货：干货。为白僵病蚕体。呈圆柱形，多弯曲皱缩，头、足、体节明显。外有白色菌丝和孢子如粉霜。质硬而脆。断面外围灰白色，中间棕黑色，角质、明亮。气微腥，味微咸。长短肥瘦不分，无死蚕中空体、丝头、灰屑、杂质、霉变。

备注：

僵蛹由产地制订规格标准。

044 龙骨

本品为古代哺乳动物的骨骼和牙齿化石。

1. 五花龙骨规格标准

统货：干货。呈圆柱形或不规则的块状。表面略光泽、牙白色，具有兰、黄、黑、棕等色深浅粗细的纹理。体轻、质硬酥脆。易层层剥落。断面粗糙，显指纹，吸湿性强。无臭味、杂质。

2．土龙骨规格标准

统货。干货。呈不规则的节条、块状。表面白色、类白色或淡棕色不等。有纵裂隙或棕色斑点。体重、质坚硬、断面白色而粗糙，关节处有多数蜂窝状小孔，有吸湿力。无嗅味、杂质。

3．青龙齿规格标准

统货。干货。呈圆锥和方柱形，略弯曲、有纵沟棱。表面青灰色或棕绿色；有棕黄色条纹，具光泽釉质层。体重、质坚硬。断面粗糙。凹凸不平，有吸湿性，粘舌。间有碎块。无嗅味、杂质。

4．白龙齿规格标准

统货。干货。呈圆锥和方柱形。稍弯曲。呈不规则的块状。表面黄白色，有棕红色花斑。体重质坚硬。断面粗糙，凹凸不平，有吸湿性，粘舌。间有碎裂块。无嗅味、杂质。

备注：

1．连带牙床的盘齿，可分开并入齿和骨内；碎龙齿可分别并入青白龙齿内。

2．龙齿、龙骨，以火烧之，焦臭变黑者，为未变成的化石，不得收购。

045 黄柏

本品为芸香科植物黄皮树或黄檗的干燥树皮。前者为川黄柏、后者为关黄柏。（注《中国药典》现行版对黄柏药材来源做出如下变更：黄柏来源为芸香科植物黄皮树的干燥树皮。关黄柏来源为芸香科植物黄檗的干燥树皮）

1．川黄柏规格标准

一等：干货。呈平板状，去净粗栓皮。表面黄褐色或黄棕色。内表面暗黄或淡棕色。体轻，质较坚硬。断面鲜黄色。味极苦。长40cm以上，宽15cm以上，无枝皮、粗栓皮、杂质、虫蛀、霉变。

二等：干货。树皮呈板片状或卷筒状。表面黄褐色或黄棕色。内表面暗黄色或黄棕色。体轻，质较坚硬。断面鲜黄色。味极苦。长宽大小不分，厚度不得薄于0.2cm。间有枝皮。无粗栓皮、杂质、虫蛀、霉变。

2．关黄柏规格标准

统货：干货。树皮呈片状。表面灰黄色或淡黄棕色，内表面淡黄色或黄棕色。体轻、质较坚硬。断面鲜黄、黄绿或淡黄色、味极苦。无粗栓皮及死树的松泡皮。无杂质、虫蛀、霉变。

备注：

川黄柏树是以供药用为主，皮分两个等，鼓励生产厚皮，并应禁止砍剥胸高直径12cm以下的幼树。关黄柏多以木材为主，皮为副产品，厚薄皮混收即可，故未分等。

046 广藿香

本品为唇形科植物广藿香的干燥地上部分。

石牌香规格标准：

统货。干货。全草除净根，枝叶相连。老茎多呈圆形，茎节较密；茎嫩略呈方形密被毛茸。断面白色，髓心较小，叶面灰黄色，叶背灰绿色。气纯香、味微苦而凉。散叶不超过10%。无死香、杂质、虫蛀、霉变。

高要香规格标准：

统货。干货。全草除净根。枝叶相连。枝干较细，茎节较密；嫩茎方形，密被毛茸。断面白色，髓心较大。叶片灰绿色。气清香，味微苦而凉。散叶不超过15%。无枯死、杂质、虫蛀、霉变。

海南香规格标准：

统货。干货。全草除净根。枝叶相连。枝干粗大，近方形，茎节密；嫩茎方形，具稀疏毛茸。断面白色髓心大，叶片灰绿色，较厚。气香浓，叶微苦而凉。散叶不超过20%。无枯死、杂质、虫蛀、霉变。

047 桔梗

本品为桔梗科植物桔梗的干燥根。

1. 南桔梗规格标准

一等：干货。呈顺直的长条形，去净粗皮及细稍。表面白色。体坚实。断面皮层白色，中间淡黄色。味甘苦辛。上部直径1.4cm以上，长14cm以上。无杂质、虫蛀、霉变。

二等：干货。呈顺直的长条形，去净粗皮及细稍。表面白色。体坚实。断面皮层白色，中间淡黄色。味甘苦辛。上部直径1cm以上，长12cm以上。无杂质、虫蛀、霉变。

三等：干货。呈顺直的长条形，去净粗皮及细稍。表面白色。体坚实。断面皮层白色，中间淡黄色，味甘后苦。上部直径不低于0.5cm，长度不低于7cm。无杂质、虫蛀、霉变。

2. 北桔梗规格标准

统货。干货。呈纺锤形或圆柱形，多细长弯曲，有分枝。去净粗皮。表面白色或淡黄白色。体松泡。断面皮层白色。中间淡黄白色。味甘。大小长短不分，上部直径不低于0.5cm。无杂质、虫蛀、霉变。

备注：

1. 桔梗由于各产地规格等级不同，暂分为南、北二类。南桔梗主产于安徽、江苏、浙江等地。北桔梗主产于东北、华北等地。

2. 家种桔梗须照南桔梗标准收购。

048 肉苁蓉

本品为列当科植物肉苁蓉的干燥带鳞片的肉质茎。

1. 甜苁蓉规格标准

统货，干货。呈圆柱形略扁，微弯曲。表面赤褐色或暗褐色。有多数鳞片覆瓦状排列。体重，质坚硬或柔韧，断面棕褐色，有淡棕色斑点组成的波状环纹，气微、味微甜，枯心不超过10%。去净芦头、无干稍、杂质、虫柱、霉变。

2．咸苁蓉规格标准

统货，干货。呈圆柱形或扁长条形，表面黑褐色，有多数鳞片呈覆瓦状排列，附有盐霜。质柔较，断面黑色或黑绿色，有光泽，味咸，枯心不超过10%。无干稍、杂质、霉变。

049 砂仁

本品为姜科植物阳春砂、绿壳砂或海南砂的干燥成熟果实。

1．阳春砂规格标准

统货，干货。呈椭圆形或卵形，有不明显的三棱。表面红棕色或棕褐色。密生刺状突起，种子成团，具白色隔膜；分成三室。子粒饱满，棕褐色，有细皱纹。气芳香浓厚，味辛凉微苦。果柄不超过2cm，间有瘦瘪果。无果枝、杂质、霉变。

2．绿壳砂规格标准

统货，干货。呈棱状长圆形。果皮表面淡红棕色或棕褐色，有小柔刺。体质轻泡，种子团较小，间有瘦瘪果。无果枝、杂质、霉变。

3．海南砂规格标准

统货；干货。呈三棱状的长圆形。表面棕褐色，有多数小柔刺。体质沉重。种子分三室集结成团，籽粒饱满。种子呈多角形。灰褐色。气芳香。味辛凉而辣。无空壳、果柄、杂质、霉变。

净砂规格标准：

一等：干货。为除去外果皮的种子团，呈钝三棱状的椭圆形或卵形，分成三瓣。每瓣约有种子十数粒，子粒饱满，表面灰褐色，破开后，内部灰白色。味辛凉微辣。种子团完整。每50g 150粒以内。无糖子、果壳、杂质、霉变。

二等：干货。形状气味与一等相同，唯种子团较小而瘪瘦。每50g 150粒以外，间有糖子。无果壳、杂质、霉变。

砂壳规格标准：

统货。干货。为砂仁剥下的果皮。呈瓢形或压缩成片状。表面红棕色、棕褐色或绿褐色，有许多短柔刺；内表面光洁，色泽较淡。气微、味淡、无杂质、霉变。

备注：

净砂、砂壳是指海南砂、绿壳砂的加工品，执行同一规格标准。

050 吴茱萸

本品为芸香科植物吴茱萸或石虎及疏毛吴茱萸等将近成熟的干燥果实。

1．大粒规格标准

统货：干货。呈五棱扁球形。表面黑褐色、粗糙，有瘤状突起或凹陷的油点。顶点具五瓣，多裂口，气芳香浓郁，味辛辣。无枝梗、杂质、霉变。

2．小粒规格标准

统货：干货。果实呈圆球形，裂瓣不明显，多闭口，饱满。表面绿色或灰绿色。香气较淡，味辛辣。无枝梗、杂质、霉变。

备注:

吴茱萸分大粒、小粒两种。大粒者系吴茱萸的果实。小粒者多为石虎及疏毛吴茱萸的果实。

051 厚朴

本品为木兰科植物厚朴或凹叶厚朴的干燥干皮、根皮、枝皮。

1. 温朴筒朴规格标准

一等:干货。卷成单筒或双筒,两端平齐。表面灰棕色或灰褐色,有纵皱纹,内面深紫色或紫棕色,平滑。质坚硬。断面外侧灰棕色,内侧紫棕色。颗粒状。气香、味苦辛。筒长40cm,重800g以上。无青苔、杂质、霉变。

二等:干货。卷成单筒或双筒,两端平齐。表面灰褐色或灰棕色,有纵皱纹。内面深紫色或紫棕色,平滑,质坚硬。断面外侧灰棕色,内侧紫棕色,颗粒状,气香,味苦辛。筒长40cm,重500g以上。无青苔、杂质、霉变。

三等:干货。卷成单筒或双筒,两端平齐。表面灰褐色或灰棕色,有纵皱纹。内面紫棕色,平滑,质坚硬。断面紫棕色,气香,味苦辛。筒长40cm,重200g以上。无青苔、杂质、霉变。

四等:干货。凡不合以上规格者以及碎片、枝朴,不分长短、大小,均属此等。无青苔、杂质、霉变。

2. 川朴筒朴规格标准

一等:干货。卷成单筒或双筒,两端平齐。表面黄棕色,有细密纵皱纹,内面紫棕色,平滑,划之显油痕,质坚硬。断面外侧黄棕色,内侧紫棕色,显油润,纤维少。气香、味苦辛。筒长40cm,不超过43cm,重500g以上。无青苔、杂质、霉变。

二等:干货。卷成单筒或双筒,两端平齐。表面黄棕色,有细腻的纵皱纹。内面紫棕色,平滑,划之显油痕,质坚硬。断面外侧黄棕色,内侧紫棕色,显油润,纤维少。气香、味苦辛。筒长40cm,不超过43cm,重200g以上。无青苔、杂质、霉变。

三等:干货。卷成单筒或双筒,两端平齐。表面黄棕色,有细腻的纵皱纹。内面紫棕色,平滑,划之显油痕,质坚硬。断面外侧黄棕色,内侧紫棕色,显油润,纤维少。气香、味苦辛。筒长40cm,不超过43cm,重不低于100g。无青苔、杂质、霉变。

四等:干货。凡不合以上规格者以及碎片、枝朴,不分长短、大小,均属此等。无青苔、杂质、霉变。

3. 蔸朴规格标准

一等:干货。为靠近根部的干皮和根皮,似靴形,上端呈筒形。表面粗糙,灰棕色或灰褐色,内面深紫色。下端呈喇叭口状,显油润。断面紫棕色颗粒状,纤维性不明显。气香、味苦辛。块长70cm以上,重2000g以上。无青苔、杂质、霉变。

二等:干货。为靠近根部的干皮和根皮,似靴形。上端呈单卷筒形,表面粗糙,灰棕色或灰褐色。内面深紫色,下端呈喇叭口状,显油润。断面紫棕色。纤维性不明显。气香、味苦辛。块长70cm以上,重2000g以下。无青苔、杂质、霉变。

三等:干货。为靠近根部的干皮和根皮,似靴形,上端呈单卷筒形,表面粗糙,灰棕色或灰褐色。内面深紫色。下端呈喇叭口状。显油润。断面紫棕色。纤维很少。气香、味苦辛。块长70cm，重500g以上。无青苔、杂质、霉变。

4．耳朴规格标准

统货：干货。为靠近根部的干皮，呈块片状或半卷形，多似耳状。表面灰棕色或灰褐色，内面淡紫色。断面紫棕色，显油润，纤维性少。气香，味苦辛。大小不一。无青苔、杂质、霉变。

5．根朴规格标准

一等：干货。呈卷筒状长条。表面土黄色或灰褐色，内面深紫色。质韧。断面油润。气香，味苦辛。条长70cm，重400g以上。无木心、须根、杂质、霉变。

二等：干货。呈卷筒状或长条状，形弯曲似盘肠。表面土黄色或灰褐色，内面紫色。质韧。断面略显油润。气香、味苦辛。长短不分，每枝400g以上。无木心、须根、泥土等。

备注：

1．厚朴沿历史分为温朴、川朴两类。温朴主要要为福建、浙江等地所产的厚朴；川朴主产四川、云南、贵州、湖北、湖南、江西、安徽等省。耳朴、根朴为共同标准、不分温、川。

2．树蔸上下的根、干皮各地名称不同（如脑朴、靴朴等）。现统称为蔸朴，脑朴与耳形相似，名耳朴为宜。

3．为保护资源、提高质量，胸直径在12cm以下的幼树应严禁砍剥。

052　防风

本品为伞形科植物防风的干燥根。

规格标准：

一等：干货。根呈圆柱形。表面有皱纹，顶端带有毛须。外皮黄褐色或灰黄色。质松较柔软。断面棕黄色或黄白色，中间淡黄色。味微甜。根长15cm以上。芦下直径0.6cm以上。无杂质、虫蛀、霉变。

二等：干货。根呈圆柱形，偶有分枝。表面有皱纹，顶端带有毛须。外皮黄褐色或灰黄色，质松较柔软。断面棕黄色或黄白色，中间淡黄色。味微甜。芦下直径0.4cm以上。无杂质、虫蛀、霉变。

备注：

1．抽苔根空者不收。

2．有习惯购、销的竹叶防风、松叶防风、水防风等，可由产区自订规格标准。

053　龙胆

本品为龙胆科植物条叶龙胆、龙胆、三花龙胆或坚龙胆的干燥根及根茎。前三种为关龙胆。

1．关龙胆规格标准

统货：干货。呈不规则块状，顶端有突起的茎基，下端着生多数细长根。表面淡黄色或黄棕色，上部有细横纹。质脆易折断。断面淡黄色，显筋脉花点，味极苦。长短大小不分。无茎叶、杂质、霉变。

2. 坚龙胆规格标准

统货：干货。呈不规则的结节状。顶端有木质茎杆，下端着生若干条根。粗细不一。表面棕红色，多纵皱纹。质坚脆，角质样。折断面中央有黄色木心。味极苦。无茎叶、杂质、霉变。

备注：

1. 关龙胆　系指黑龙江、吉林、辽宁、内蒙古等省区主产的龙胆，其原植物包括条叶龙胆、龙胆、三花龙胆。

2. 坚龙胆　系指云南、贵州、四川等省所产的去净茎节的龙胆，其原植物主要为坚龙胆。

3. 部分省区有用带有茎叶的龙胆的习惯，称龙胆草，不包括标准内，可自行制订规格。

054 人参

本品为五加科植物人参的干燥根。野生者为"山参"，栽培者为"园参"。

1. 野山参规格标准

一等：干货。纯野山参的根部，主根粗短呈横灵体，支根八字分开（俗称武形），五形全美（芦、芋、纹、体、须相衬）。有元芦。芋中间丰满，形似枣核。皮紧细。主根上部横纹紧密而深。须根清疏而长，质坚韧（俗称皮条须），有明显的珍珠疙瘩。表面牙白色或黄白色，断面白色。味甜微苦。每支重100g（2两）以上，芋帽不超过主根重量的25%。无疤痕、杂质、虫蛀、霉变。

二等：干货。纯野山参的根部，主根粗短呈横灵体，支根八字分开（俗称武形），五形全美（芦、芋、纹、体、须相衬）。有元芦。芋中间丰满，形似枣核。皮紧细。主根上部横纹紧密而深。须根清疏而长，质坚韧（俗称皮条须）、有明显的珍珠疙瘩。表面牙白色或黄白色，断面白色。味甜微苦。每支75g（1.5两）以上,芋帽不超过主根重量的25%。无疤痕、杂质、虫蛀、霉变。

三等：干货。纯野山参的根部，主根粗短呈横灵体，支根八字分开（俗称武形），五形全美（芦、芋、纹、体、须相衬）。有元芦。芋中间丰满，形似枣核。皮紧细。主根上部横纹紧密而深。须根清疏而长，质坚韧（俗称皮条须）、有明显的珍珠疙瘩。表面牙白色或黄白色，断面白色。味甜微苦。每支32.5g（0.65两）以上,芋帽不超过主根重量的25%。无疤痕、杂质、虫蛀、霉变。

四等：干货。纯野山参的根部，主根粗短呈横灵体，支根八字分开（俗称武形），五形全美（芦、芋、纹、体、须相衬）。有元芦。芋中间丰满，形似枣核。皮紧细。主根上部横纹紧密而深。须根清疏而长，质坚韧（俗称皮条须）、有明显的珍珠疙瘩。表面牙白色或黄白色，断面白色。味甜微苦。每支20g（0.4两）以上,芋帽不超过主根重量的25%。无疤痕、杂质、虫蛀、霉变。

五等：干货。纯野山参的根部，呈灵体或顺体,（俗称文形），五形全美（芦、芋、纹、体、须相衬）。有元芦。芋中间丰满，形似枣核。皮紧细。主根上部横纹紧密而深。须根清疏而长，质坚韧（俗称皮条须）、有明显的珍珠疙瘩。表面牙白色或黄白色，断面白色。味甜微苦。每支12.5g（0.4两）以上，芋帽不超过主根重量的40%。无疤痕、杂质、虫蛀、霉变。

六等：干货。纯野山参的根部，呈灵体、顺体或畸形体（俗称苯形），有元芦。有芋或无芋，形似枣核。皮紧细。主根上部横纹紧密而深。须根清疏而长，质坚韧（俗称皮条须）、有明显的珍珠疙瘩。表面牙白色或黄白色，断面白色。味甜微苦。每支6.5g（0.13两）以上，芋帽不大、无杂质、虫蛀、霉变。

七等：干货。纯野山参的根部，呈灵体、顺体（俗称苯形），有元芦。芋中间丰满，形似枣核。皮紧细。主根上部横纹紧密而深。须根清疏而长，有明显的珍珠疙瘩。表面牙白色或黄白色，断面白色。味甜微苦。每支4g（0.08两）以上，芋帽不大，无杂质、虫蛀、霉变。

八等：纯野山参的根部，呈灵体、顺体（俗称苯形），有元芦。芋中间丰满，形似枣核。皮紧细。主根上部横纹紧密而深。须根清疏而长，有明显的珍珠疙瘩。表面牙白色或黄白色，断面白色。味甜微苦。每支2g（0.04两）以上，间有芦须等残次品。芋帽不大，无杂质、虫蛀、霉变。

2. 园参

边条鲜参规格标准：

一等：鲜货。根呈长圆柱形，芦长、身长、腿长，有分枝2~3。须芦齐全，体长不短于20cm（6寸）。浆足丰满，芋帽不超过15%。每支重125g（2.5两）以上。不烂，无疤痕、水锈、泥土、杂质。

二等：鲜货。根呈长圆柱形，芦长、身长、腿长，有分枝2~3个，须芦齐全，体长不短于18.3cm（5.5寸）。浆足丰满，芋帽不超过15%。每支重85g（1.7两）以上。不烂，无疤痕、水锈、泥土、杂质。

三等：鲜货。根呈长圆柱形，芦长、身长、腿长，有分枝2~3个，须芦齐全，体长不短于16.7cm（5寸）。浆足丰满，芋帽不超过15%。每支重60g（1.2两）以上。不烂，无疤痕、水锈、泥土、杂质。

四等：鲜货。根呈长圆柱形，芦长、身长、腿长，有分枝2~3个，须芦齐全，体长不短于15cm（4.5寸）。浆足丰满，芋帽不超过15%。每支重45g（0.9两）以上。不烂，无疤痕、水锈、泥土、杂质。

五等：鲜货。根呈长圆柱形，芦长、身长、腿长，有分枝2~3个，须芦齐全，体长不短于13.3cm（4寸）。浆足丰满。芋帽不超过15%。每支重35g（0.7两）以上。不烂，无泥土、杂质。

六等：鲜货。根呈长圆柱形，芦长、身长、腿长，有分枝2~3个，须芦齐全，体长不短于13.3cm（4寸）。浆足丰满。芋帽不超过15%。每支重25g（0.5两）以上。不烂，无泥土、杂质。

七等：鲜货。根呈长圆柱形，须芦齐全，浆足丰满。每支重12.5g（0.25两）以上。不烂，无泥土、杂质。

八等：鲜货。根呈长圆柱形，凡不合以上规格和缺少芦，破断条者，每支重5g（0.1两）以上。不烂，无泥土、杂质。

普通鲜参规格标准：

特等：鲜货。根呈圆柱形，有分枝，须芦齐全，浆足。每支100~150g（2~3

两）。不烂，无疤痕、水锈、泥土、杂质。

一等：鲜货。根呈圆柱形，有分枝，须芦齐全，浆足。每支62.5g（1.25两）以上。不烂，无疤痕、水锈、泥土、杂质。

二等：鲜货。根呈圆柱形，有分枝，须芦齐全，浆足。每支41.5g（0.83两）以上。不烂，无疤痕、水锈、泥土、杂质。

三等：鲜货。根呈圆柱形，有分枝，须芦齐全，浆足。每支31.5g（0.63两）以上。不烂，无疤痕、水锈、泥土、杂质。

四等：鲜货。根呈圆柱形，有分枝，须芦齐全，浆足。每支25g（0.5两）以上一个。不烂，无疤痕、水锈、泥土、杂质。

五等：鲜货。根呈圆柱形，有分枝，须芦齐全，浆足。每支12.5g（0.25两）以上。不烂，无疤痕、水锈、泥土、杂质。

六等：鲜货。根呈圆柱形，每支5g（0.1两）以上。不合以上规格和缺须少芦折断者。不烂，无疤痕、水锈、泥土、杂质。

16支边条红参规格标准：

一等：干货。根呈长圆柱形，芦长、身长、体长18.3cm（5.5寸）以上，有分枝2~3个，表面棕红色或淡棕色，有光泽。上部较淡，有皮有肉。质坚实，断面角质样。气香。味苦。每500g（一市斤）16以内，每支31.3g以上。无中尾、黄皮、破疤、虫蛀、霉变、杂质。

二等：干货。根呈长圆柱形，芦长、身长、体长18.3cm（5.5寸）以上，有分枝2~3个，表面棕红色或淡棕色，有光泽。稍有黄皮、抽沟、干疤。断面角质样。每500g（一市斤）16以内，每支31.3g以上。无中尾、破疤、虫蛀、霉变、杂质。

三等：干货。根呈长圆柱形，芦长、身长、腿长，体长18.3cm（5.5寸）以上，有分枝2~3个。色泽较差。有黄皮、抽沟、破疤、腿红。断面角质样。每500g（一市斤）16以内，每支31.3g以上。无中尾、虫蛀、霉变、杂质。

25支边条红参规格标准：

一等：干货。根呈长圆柱形，芦长、身长、腿长，体长16.7cm（5寸）以上，有分枝2~3个。表面棕红色或淡棕色，有光泽。上部色较淡。有皮有肉。质坚实，断面角质样。气香，味苦。每500g（一市斤）25支以内，每支20g以上。无中尾、虫蛀、霉变、杂质。

二等：干货。根呈长圆柱形，芦长、身长、腿长，体长16.7cm（5寸）以上，有分枝2~3个。表面棕红色或淡棕色，有光泽。稍有黄皮、抽沟、干疤。断面角质样。每500g（一市斤）25支以内，每支20g以上。无中尾、虫蛀、霉变、杂质。

三等：干货。根呈长圆柱形，芦长、身长、腿长，体长16.7cm（5寸）以上，有分枝2~3个。色泽较差。有黄皮、抽沟、破疤、腿红。每500g（一市斤）25支以内，每支20g以上。无中尾、虫蛀、霉变、杂质。

35支边条红参规格标准：

一等：干货。根呈长圆柱形，芦长、身长、腿长，体长15cm（4.5寸）以上，有分枝2~3个。表面棕红色或淡棕色，有光泽。上部色较淡。有皮有肉。质坚实，断面角质样。气香，味苦。每500g（一市斤）35支以内，每支14.3g以上。无中尾、黄皮、虫蛀、霉变、杂质。

二等：干货。根呈长圆柱形，芦长、身长、腿长，体长15cm（4.5寸）以上，有分枝2～3个。表面棕红色或淡棕色，有光泽。稍有黄皮、抽沟、干疤。断面角质样。每500g（一市斤）35支以内，每支14.3g以上。无中尾、虫蛀、霉变、杂质。

三等：干货。根呈长圆柱形，芦长、身长、腿长，体长15cm（4.5寸）以上，有分枝2～3个。色泽较差。有黄皮、抽沟、干疤。断面角质样。每500g（一市斤）35支以内，每支14.3g以上。无中尾、虫蛀、霉变、杂质。

45支边条红参规格标准：

一等：干货。根呈长圆柱形，芦长、身长、腿长，体长13.3cm（4寸）以上，有分枝2～3个。表面棕红色或淡棕色，有光泽。上部色较淡。有皮有肉。质坚实，断面角质样。气香，味苦。每500g（一市斤）45支以内，支头均匀。无中尾、黄皮、虫蛀、霉变、杂质。

二等：干货。根呈长圆柱形，芦长、身长、腿长，体长13.3cm（4寸）以上，有分枝2～3个。表面棕红色或淡棕色，有光泽。稍有黄皮、抽沟、干疤。断面角质样。每500g（一市斤）45支以内，支头均匀。无中尾、虫蛀、霉变、杂质。

三等：干货。根呈长圆柱形，芦长、身长、腿长，体长13.3cm（4寸）以上，有分枝2～3个。色泽较差。有黄皮、抽沟、破疤、腿红。每500g（一市斤）45支以内，支头均匀，无中尾、虫蛀、霉变、杂质。

55支边条红参规格标准：

一等：干货。根呈长圆柱形，芦长、身长、腿长，体长11.7cm（3.5寸）以上，有分枝2～3个。表面棕红色或淡棕色，有光泽。上部色较淡。有皮有肉。质坚实，断面角质样。气香，味苦。每500g（一市斤）55支以内，支头均匀。无中尾、黄皮、破疤、虫蛀、霉变、杂质。

二等：干货。根呈长圆柱形，芦长、身长、腿长，体长11.7cm（3.5寸）以上，有分枝2～3个。表面棕红色或淡棕色，有光泽。稍有黄皮、抽沟、干疤。断面角质样。每500g（一市斤）55支以内，支头均匀。无中尾、虫蛀、霉变、杂质。

三等：干货。根呈长圆柱形，芦长、身长、腿长，体长11.7cm（3.5寸）以上，有分枝2～3个。色泽较差。有黄皮、抽沟、破疤、腿红。每500g（一市斤）55支以内，支头均匀，无中尾、虫蛀、霉变、杂质。

80支边条红参规格标准：

一等：干货。根呈长圆柱形，芦长、身长、腿长，体长11.7cm（3.5寸）以上。表面棕红色或淡棕色，有光泽。上部色较淡。有皮有肉。质坚实，断面角质样。气香，味苦。每500g（一市斤）80支以内，支头均匀。无中尾、黄皮、虫蛀、霉变、杂质。

二等：干货。根呈长圆柱形，芦长、身长、腿长，体长11.7cm（3.5寸）以上。表面棕红色或淡棕色，有光泽。稍有黄皮、抽沟、干疤。断面角质样。每500g（一市斤）80支以内，支头均匀。无中尾、黄皮、虫蛀、霉变、杂质。

三等：干货。根呈长圆柱形，芦长、身长、腿长，体长11.7cm（3.5寸）以上，有分枝2～3个。色泽较差。有黄皮、抽沟、破疤、腿红。每500g（一市斤）80支以内，支头均匀，无中尾、虫蛀、霉变、杂质。

小货边条红参规格标准：

一等：干货。根呈长圆柱形，表面棕红或淡棕色，有光泽。上部色较淡，有皮有肉。断面角质样。气香、味苦。支头均匀。无中尾、黄皮、破疤、虫蛀、霉变、杂质。

二等：干货。根呈长圆柱形，表面棕红或淡棕色，有光泽。有黄皮不超过身长二分之一。稍有抽沟、干疤。断面角质样。支头均匀。无中尾、虫蛀、霉变、杂质。

三等：干货。根呈长圆柱形，色泽较差。有黄皮、抽沟、破疤。腿红。支头均匀。无中尾、虫蛀、霉变、杂质。

20支普通红参规格标准：

一等：干货，根呈圆柱形。表面棕红色或淡棕色，有光泽，质坚实。无细腿、破疤、黄皮、虫蛀。断面角质样。气香、味苦。每500g（一市斤）20支以上。每支25g以上。

二等：干货，根呈圆柱形。表面棕红色或淡棕色。稍有干疤、黄皮、抽沟、无细腿、虫蛀。断面角质样。每500g（一市斤）20支以内，每支25g以上。

三等：干货，根呈圆柱形。色泽较差。有黄皮、干疤、抽沟、腿红。无虫蛀。断面角质样。每500g（一市斤）20支以内，每支25g以上。

二等：干货。根呈圆柱形，表面棕红或淡棕色。稍有干疤、黄皮、抽沟、无细腿。虫蛀。断面角质样。每500g（一市斤），20支以内，每支25g以上。

三等：干货。根呈圆柱形。色泽较差。有黄皮、干疤。抽沟、腿红。无虫蛀。断面角质样。每500g（一市斤）20支以内，每支25g以上。

32支普通红参规格标准：

一等：干货。根呈圆柱形。表面棕红或淡棕色，有光泽。质坚实。无细腿、破疤、黄皮、虫蛀。断面角质样。气香，味苦。每500g（一市斤）32支以内，每支15.6g以上。

二等：干货。根呈圆柱形。表面棕红色或淡棕色。稍有干疤、黄皮、抽沟。无细腿、虫蛀。断面角质样。每500g（一市斤）32支以内，每支15.6g以上。

三等：干货。根呈圆柱形。色泽较差。有黄皮、干疤、抽沟、腿红。无虫蛀。断面角质样。每500g（一市斤）32支以内，每支15.6g以上。

48支普通红参规格标准：

一等：干货。根呈圆柱形。表面棕红或淡棕色，有光泽。质坚实。无细腿、破疤、黄皮、虫蛀、断面角质样。气香、味苦。每500g（一市斤）48支以内，支头均匀。

二等：干货。根呈圆柱形，表面棕红或淡棕色。稍有干疤、黄皮、抽沟。无细腿、虫蛀。断面角质样，每500g（一市斤）48支以内，支头均匀。

三等：干货。根呈圆柱形。色泽较差。有黄皮、干疤、抽沟、腿红。无虫蛀。断面角质样。每500g（一市斤）48支以内，支头均匀。

64支普通红参规格标准：

一等：干货。根呈圆柱形。表面棕红或淡棕色，有光泽。质坚实。无细腿、破疤、黄皮、虫蛀。断面角质样。气香，味苦。每500g（一市斤）64支以内，支头均匀。

二等：干货。根呈圆柱形。表面棕红或淡棕色，稍有干疤、黄皮、抽沟、无细腿、虫蛀。断面角质样。每500g（一市斤）64支以内，支头均匀。

三等：干货。根呈圆柱形。色泽较差。有黄皮、干疤、抽沟，腿红。无虫蛀。断面角质样。每500g（一市斤）64支以内，支头均匀。

80支普通红参规格标准：

一等：干货。根呈圆柱形，表面棕红或淡棕色，有光泽。质坚实。无细腿、破疤、黄皮、虫蛀。断面角质样。气香，味苦。每500g（一市斤）80支以内，支头均匀。

二等：干货。根呈圆柱形。表面棕红或淡棕色，稍有干疤、黄皮、抽沟，无细腿、虫蛀。断面角质样。每500g（一市斤）80支以内，支头均匀。

三等：干货。根呈圆柱形。色泽较差。有黄皮、干疤、抽沟、腿红。无虫蛀。断面角质样。每500g（一市斤）80支以内，支头均匀。

小货普通红参规格标准：

一等：干货。根呈圆柱形。表面棕红或淡棕色，有光泽。质坚实。无细腿、破疤、黄皮、虫蛀。断面质样。气香，味苦。支头均匀。

二等：干货。根呈圆柱形。表面棕红或淡棕色，稍有干疤、黄皮、抽沟。无细腿、虫蛀。断面角质样。支头均匀。

三等：干货。根呈圆柱形。色泽较差。有黄皮、干疤、抽沟、腿红。无虫蛀。断面角质样，支头均匀。

红混须规格标准：

混货：干货。根须呈长条形或弯曲状。棕红或橙红色，有光泽，半透明。断面角质。气香味苦。须条长短不分，其中直须50%以上。无碎末、杂质、虫蛀、霉变。

红直须规格标准：

一等：干货。根须呈长条形，粗壮均匀。棕红色或橙红色，有光泽，呈半透明状。断面角质。气香味苦。长13.3cm（4寸）以上。无干浆、毛须，无杂质、虫蛀、霉变。

二等：干货。根须呈长条形。粗状均匀。棕红色或橙红色，有光泽，呈半透明状。断面角质。气香味苦。长13.3cm（4寸）以下。最短不低于8.3cm（2.5寸）。无干浆、毛须，无杂质、虫蛀、霉变。

红弯须规格标准：

统货：干货。根须呈条形弯曲状，粗细不均。橙红色或棕黄色，有光泽，呈半透明状，不碎，气香味苦。无碎末、杂质、虫蛀、霉变。

干浆参规格标准：

混货：干货。根呈圆柱形，本质轻泡，瘪瘦，或多抽沟。表面棕黄色或黄白色。味苦。无杂质、虫蛀、霉变。

全须生晒参规格标准：

一等：干货。根呈圆柱形，有分枝。体轻有抽沟，芦须全，有芋帽。表面黄白色或较深。断面黄白色。气香味苦。每支重10g（0.2两）以上，绑尾或不绑。无破疤、杂质、虫蛀、霉变。

二等：干货。根呈圆柱形，有分枝，体轻有抽沟，芦须全，有芋帽。表面黄白色或较深。断面黄白色。气香味苦。每支重7.5g（0.15两）以上，绑尾或不绑。无破疤、杂质、虫蛀、霉变。

三等：干货。根呈圆柱形，有分枝，体轻有抽沟，芦须全，有芋帽。表面黄白色或较深。断面黄白色。气香味苦。每支重5g（0.1两）以上，绑尾或不绑。无破疤、杂质、虫蛀、霉变。

四等：干货。根呈圆柱形，有分枝，表面黄白色或较深。有抽沟。断面黄白色。气香味苦。大小支不分。绑尾或不绑尾。芦须不全，间有折断。无杂质、虫蛀、霉变。

生晒参规格标准：

一等：干货。根呈圆柱形，体轻有抽沟，去净艼须。表面黄白色，断面黄白色。气香味苦。每500g（一市斤）60支以内。无破疤、杂质、虫蛀、霉变。

二等：干货。根呈圆柱形，体轻有抽沟，去净艼须。表面黄白色。断面黄白色。气香味苦。每500g（一市斤）80支以内。无破疤、杂质、虫蛀、霉变。

三等：干货。根呈圆柱形，体轻有抽沟，去净艼须。表面黄白色，断面黄白色。气香味苦。每500g（一市斤）100支以内。无杂质、虫蛀、霉变。

四等：干货。根呈圆柱形，体轻有抽沟、死皮，去净艼须。表面黄白色，断面黄白色，气香味苦，每500g（一市斤）130支以内。无杂质、虫蛀、霉变。

五等：干货。根呈圆柱形，体轻有抽沟、死皮，去净艼须。表面黄白色，断面黄白色，气香味苦，每500g（一市斤）130支以外。无杂质、虫蛀、霉变。

白干参规格标准：

一等：干货。根呈圆柱形，皮细，色白、芦小。质充实。肥壮，去净枝根。断面白色。气香味苦。每500g（一市斤）60支以内，支条均匀。无抽沟、皱皮、水锈，无杂质、虫蛀、霉变。

二等：干货。根呈圆柱形，表面白色，芦小。质充实。肥壮，去净枝根。断面白色。气香味苦。每500g（一市斤）80支以内，支条均匀。无抽沟、皱皮、水锈；无杂质、虫蛀、霉变。

三等：干货。根呈圆柱形，表面白色，稍有抽沟，水锈，去净枝根。断面白色。气香味苦。每500g（一市斤）100支以内，无杂质、虫蛀、霉变。

四等：干货。根呈圆柱形，条状，无分枝，去净细须。表面黄白色。气香味苦。每500g（一市斤）100支以外。无杂质、虫蛀、霉变。

皮尾参规格标准：

混货：干货。根呈圆柱形，条状，无分枝，去净细须。表面灰棕色。断面黄白色。气香味苦。无杂质、虫蛀、霉变。

白混须规格标准：

混货：干货。根须呈长条形或弯曲状。表面断面均黄白色。气香味苦。须条长短不分，其中直须占50%以上。无碎末、杂质、虫蛀、霉变。

白直须规格标准：

一等：干货，根须呈条状，有光泽。表面、断面均黄白色。气香味苦。长13.3cm（4寸）以上，条大小均匀。无水锈、破皮；无杂质、虫蛀、霉变。

二等：干货，根须呈条状，有光泽。表面断面均黄白色。气香味苦。长13.3cm（4寸）以下，最短不低于8.3cm（2.5寸），条大小不匀。无水锈、破皮；无杂质、虫蛀、霉变。

白糖参规格标准：

一等：干货，根呈圆柱形，芦、须齐全。表面白色，体充实，支条均匀。断面白色。味甜、微苦。不返糖，无浮糖、碎芦；无杂质、虫蛀、霉变。

二等：干货，根呈圆柱形，表面黄白色，大小不分。断面白色。味甜，微苦。不返糖，无浮糖、碎芦；无杂质、虫蛀、霉变。

轻糖直须规格标准：

一等：干货，根须呈长条形，红棕或棕黄色，半透明，粗条均匀，质充实。味甘、微苦。长13.3cm（4寸）以上，不返糖，无皱皮、干浆；无杂质、虫蛀、霉变。

二等：干货，根须呈长条形，红棕或棕黄色，半透明，粗条不均匀。质充实。味甘、微苦。长13.3cm（4寸）以下，不返糖。无杂质、虫蛀、霉变。

备注：

1. 野山参

（1）鲜货与成品的形态标准，基本相同，由省参照干货，自订鲜货标准。

（2）每支重在150支g（3两）以上的山参和2g（0.04两）以下的小山参，可酌情收购。

（3）芦帽超过规定或有顺长、缩脖芦者，均可酌情降等。芦变、移山、趴货、池底等参，数量不大，由省酌情经营。

2. 边条鲜参

（1）分枝根（腿），在1982年前可按2～3个执行，最多不超过4个，1982年产新期起，执行2个，最多不超过3个。

（2）检测方法：体条，是从顶端第一个芦碗到粗腿的末端止，为参的体长；腿粗直径，1～2等的为0.7cm（2分），3～4等的为0.5cm（1.5分），5～6等的为0.4cm（1.2分）为止；1～6等的腿长，不得短于体长的三分之一。

3. 边条和普通鲜参

（1）每支重在150g（三两）以上，可酌情加价。

（2）凡有破断、疤痕、水锈、须芦不全，体长不够，分枝超过等，不符标准者均酌情降等收购。

（3）参秧幼根、虚泡质次的由产地酌情购销。

4. 边条参和普通红参

（1）各个规格的二等中，有"稍有黄皮、干疤"的规定，应限定"黄皮"不超过身面的30%，"干疤"不超过身面的20%为度，如有超过，即为三等。

（2）红（白）直须的长度，短于3.3cm以下的，应并入红（白）混须之内。

055　鹿茸

本品为鹿科动物梅花鹿或马鹿的雄鹿未骨化密生茸毛的幼角。

1. 梅花茸

二杠锯茸规格标准：

一等：干货。体呈圆柱形，具有八字分岔一个，大挺、门桩相称，短粗嫩状，顶头钝圆。皮毛红棕或棕黄色。锯口黄白色，有蜂窝状细孔，无骨化圈。不拧嘴，不抽沟，不破皮、悬皮、乌皮，不存折、不臭、无虫蛀。每支重85g以上。

二等：干货。体呈圆柱形，具有八字分岔一个，大挺、门柱相称，短粗嫩状，顶头钝圆。皮毛红棕或棕黄色。锯口黄白色，有蜂窝状细孔，无骨化圈。不拧嘴、不抽沟，不破皮、悬皮、乌皮，存折不超过一处，虎口以下稍显棱纹。不臭、无虫蛀。每支重65g以上。

三等：干货。体呈圆柱形，具有八字分岔一个，大挺、门桩相称，枝杆较瘦。皮毛红棕或棕黄色。锯口黄白色，有蜂窝状细孔，无骨化圈。不拧嘴，不抽沟，兼有悬皮、乌皮、破皮不露茸，存折不超过二处，虎口以下有棱纹。不臭、无虫蛀。每支重45g以上。

四等：干货。体呈圆柱形，具八字分岔一个。不拧嘴，不臭、无虫蛀。兼有独挺、怪角。不符合一、二、三等者，均属此类。

三岔锯茸规格标准：

一等：干货。体呈圆柱形，具分岔二个。挺圆茸质松嫩，嘴头饱满。皮毛红棕色或棕黄色。不乌皮（黑皮茸除外），不抽沟，不拧嘴，不破皮、悬皮，不存折、不怪角。下部稍有纵棱筋，骨豆不超过茸长的30%。不臭、无虫蛀。每支重250g以上。

二等：干货。体呈圆柱形，具分岔二个。挺圆茸质松嫩，嘴头饱满。皮毛红棕或棕黄色。不乌皮（黑皮茸除外），不抽沟、不拧嘴，不破皮、悬皮，存折不超过一处，不怪角。突起纵棱筋长不超过2cm，骨豆不超过茸长的40%。不臭、无虫蛀、每支重200g以上。

三等：干货。体呈圆柱形，具分岔二个。条杆稍瘦，茸质嫩。不拧嘴，稍有破皮不露茸，不悬皮，存折不超过一处，不怪角。纵棱筋、骨豆较多。不臭、无虫蛀、每支重150g以上。

四等：干货。体畸形或怪角，顶端不窜尖，皮毛红乌暗。不臭、无虫蛀、凡不符合一、二、三等者，均属此类。

初生茸规格标准：

统货。干货。体呈圆柱形，圆头质嫩，锯口有蜂窝状细孔，不骨化、不臭，不虫蛀。

再生茸规格标准：

统货。干货。体呈圆柱形，兼有独挺，圆头质嫩。锯口有蜂窝状细孔，不骨化、不臭、不虫蛀。

2. 马鹿茸

锯茸规格标准：

一等：干货。体呈支岔，类圆柱形。皮毛灰黑色或灰黄色。枝干粗壮，嘴头饱满。皮毛灰黑或灰黄色。质嫩的三岔、莲花、人字等茸，无骨豆，不拧嘴，不偏头，不破皮，不发头，不骨折，不臭、不虫蛀。每支重275g~450g以内。

二等：干货。体呈支岔，类圆柱形。皮毛灰黑色或灰黄色。质嫩的四岔茸、不足275g重的三岔，人字茸均可列为此等。四岔茸嘴头不超过13cm，骨豆不超过主干长度的50%。破皮长度不超过3.3cm，不拧嘴，不发头、不臭、不虫蛀。

三等：干货。体呈支岔，类圆柱形。皮毛灰黑或灰黄色。嫩五岔和三岔老茸。骨豆不超过主干长度的60%，破皮长度不超过4cm。不窜尖，不臭、不虫蛀。

四等：干货。体呈支岔，圆柱形或畸形，皮毛灰黑色或灰黄色。老五岔、老毛杠和嫩再生茸，破皮长度不超过4cm。不臭、不虫蛀。

五等：干货。体呈支岔，圆柱形或畸形，皮毛灰黑或灰黄色。茸皮不全的老五岔、老毛杠、老再生茸。不臭、不虫蛀。

锯血茸规格标准：

一等：干货。不臭，无虫蛀，不骨化，茸内充分含血，分布均匀，肥嫩上冲的莲花、三岔茸。不偏头，不抽沟，不破皮，不畸形。主枝及嘴头无折伤，茸头饱满，不空、不瘪。每支重不低于0.5kg。

二等：干货。不臭，无虫蛀。不骨化，茸内充分含血，分布均匀，不足一等的莲花、三岔茸及肥嫩的四岔、人字茸，不破皮、不畸形，茸头不空不瘪。每支重0.3kg以上。

三等：干货。不臭，无虫蛀。无骨化，不折断，茸内充分含血，不足一、二等的莲花、三岔茸、四岔茸及肥嫩的畸形茸。每支重不低于0.25kg。

备注：

1. 梅花茸一等中门桩存折者，降为二等；大挺存折者，降为三等。

2. 梅花茸一、二等中有破皮、悬皮等不符规定，者均应酌情降等。

3. 马鹿的锯血茸，主要是供出口的规格，如在国内购销也应照此标准。

4. 三岔锯茸一等中有存折一处者降为二等，凡有不符合分等规定标准者均应酌情降等。

5. 骨化超过全茸的40%以上、茸体脱皮者，作鹿角收购。

056 丹参

本品为唇形科植物丹参的干燥根及根茎。

1. 丹参（野生）规格标准

统货：干货。呈圆柱形，条短粗，有分支，多扭曲。表面红棕色或深浅不一的红黄色，皮粗糙，多鳞片状，易剥落。体轻而脆。断面红黄色或棕色，疏松有裂隙，显筋脉白点。气微，味甘微苦。无芦头、毛须、杂质、霉变。

2. 川丹参（家种）规格标准

一等：干货。呈圆柱形或长条状，偶有分枝。表面紫红色或黄棕色。有纵皱纹。质坚实，皮细而肥壮。断面灰白色或黄棕色，无纤维。气弱，味甜微苦。多为整枝，头尾齐全，主根上中部直径在1cm以上。无芦茎、碎节、须根、杂质、虫蛀、霉变。

二等：干货。呈圆柱形或长条形，偶有分枝。表面紫红色或黄红色，有纵皱纹。质坚实，皮细而肥壮。断面灰白色或黄棕色，无纤维。气弱、味甜、微苦。主根上中部直径1cm以下，但不得低于0.4cm。有单枝及撞断的碎节。无芦茎、须根、杂质、虫蛀、霉变。

备注：

丹参野生者可按统货收购。近年野生变家种的增多，应参照家种川丹参的标准执行。

057 大黄

本品为蓼科植物掌叶大黄、唐古特大黄或药用大黄的根及根茎。

1. 西大黄

蛋片吉规格标准：

一等：干货。去净粗皮，纵切成瓣。表面黄棕色，体重质坚，断面淡红棕色或黄棕色，具放射状纹理及明显环纹，红肉白筋。髓部有星点环列或散在颗粒，气清香，味苦微涩。每公斤8个以内，糠心不超过15%。无杂质、虫蛀、霉变。

二等：干货。去净粗皮，纵切成瓣。表面黄棕色，体重质坚，断面淡红棕色或黄棕色，具放射状纹理及明显环纹，红肉白筋。髓部有星点环列或颗粒散在，气清香，味苦微涩。每公斤12个以内，糠心不超过15%，无杂质、虫蛀、霉变。

三等：干货。去净粗皮，纵切成瓣。表面黄棕色，体重质坚，断面淡红棕色或黄棕色，具放射状纹理及明显环纹，红肉白筋。髓部有星点环列或颗粒散在，气清香，味苦微涩。每公斤18个以内，糠心不超过15%，无杂质、虫蛀、霉变。

苏吉规格标准：

一等：干货。去净粗皮，横切成段，呈不规则圆柱形，表面黄棕色，体重质坚，断面黄色或棕褐色，具放射状纹理及明显环纹，红肉白筋。髓部有星点环列或颗粒散在。气清香，味苦微涩。每公斤20个以内，糠心不超过15%，无杂质、虫蛀、霉变。

二等：干货。根及根茎去净粗皮，横切，呈不规则圆柱形。表面黄棕色，体重质坚，断面淡红棕色或黄棕色，具射线状纹理及明显环纹，红肉白筋，髓部有星点环列或颗粒散在，气清香，味苦微涩。每公斤30个以内，糠心不超过15%，无杂质、虫蛀、霉变。

三等：干货。去净粗皮，横切成段，呈不规则圆柱形，表面黄棕色，断面具有放射状纹理及明显环纹，红肉白筋，髓部有星点环列或颗粒散在。气清香，味苦微涩。每公斤40个以内，糠心不超过15%，无杂质、虫蛀、霉变。

水根规格标准：

统货。干货。为掌叶大黄或唐古特大黄的主根尾部及支根的加工品，呈长条状，表面棕色或黄褐色，间有未去净的栓皮。体重质坚，断面淡红色或黄褐色，具放射状纹理。气清香，味苦微涩，长短不限，间有闷茬，小头直径不小于1.3cm，无杂质、虫蛀、霉变。

原大黄规格标准：

统货。干货。去粗皮，纵切或横向联合切成瓣段，块片大小不分。表面黄褐色，断面具放射状纹理及明显环纹。髓部有星点或散在颗粒。气清香，味苦微涩，中部直径在2cm以上，糠心不超过15%。无杂质、虫蛀、霉变。

2. 雅黄规格标准

一等：干货。切成不规则块状，似马蹄形，去净粗皮，表面黄色或棕褐色，体重质坚，断面黄色或棕褐色。气微香，味苦，每只150g~250g，无枯糖、焦糊、水根、杂质、虫蛀、霉变。

二等：干货。切成不规则块状，似马蹄形，去净粗皮，表面黄褐色。体较轻泡，质松，断面黄褐色，气微香，味苦。每只100g~200g。无枯糖、焦糊、水根、虫蛀、杂质、霉变。

三等：干货。切成不规则块状，似马蹄形，未去粗皮，表面黄褐色，体质轻泡。质松，断面黄褐色，气微香，味较淡，大小不分。间有直径3.5cm以上的根黄。无枯糖、焦糊、杂质、虫蛀、霉变。

南大黄规格标准：

一等：干货。横切成段，去净粗皮，表面黄褐色，体结实，断面黄色或绿色，气微香，味涩而苦，长7cm以上，直径5cm以上。无枯糖、糊黑、水根、杂质、虫蛀、霉变。

二等：干货。根茎横切成段，去净粗皮，表面黄褐色，体质轻松。断面黄色或绿色，气微香，味涩而苦。大小不分，间有水根，最小头直径不低于1.2cm，无枯糠、糊黑、杂质、虫蛀、霉变。

备注：

大黄按传统规格，原定为西大黄、雅黄、南大黄三类。前一类的原植物为掌叶大黄及唐古特大黄。后二类的原植物均为药用大黄。

1. 西大黄多已变为家种，各屯家种大黄品种优良者均应参照所定规格标准加工，分为蛋片吉、苏吉、水根三种规格。不善于加工者，可皆按原大黄标准，统货购销。

2. 雅黄系指甘孜、阿坝、凉山州、青海(德格)及云南等地的产品。

3. 南大黄系指川东与湖北\贵州及陕西毗邻地区的栽培品。

058 半夏

半夏为天南星科植物半夏的干燥块茎。

规格标准：

一等：干货。呈圆球形，半圆球形或偏斜不等，去净外皮。表面白色或浅黄白色，上端圆平，中心凹陷(茎痕)，周围有棕色点状根痕，下面钝圆，较平滑，质坚实，断面洁白或白色，粉质细腻，气微，味辛、麻舌而刺喉。每公斤800粒以内。无包壳、杂质、虫蛀、霉变。

二等：干货。呈圆球形、半圆球形或偏斜不等，去净外皮。表面白色或浅黄白色，上端圆平，中心凹陷（茎痕），周围有棕色点状根痕，下面钝圆，较平滑。质坚实。断面洁白或白色。粉质细腻。气微、味辛、麻舌而刺喉。每公斤1200粒以内。无包壳、杂质、虫蛀、霉变。

三等：干货。呈圆球形、半圆球形或偏斜不等，去净外皮。表面白色或浅黄白色，上端圆平，中心凹陷（茎痕），周围有棕色点状根痕，下面钝圆，较平滑。质坚实。断面洁白或白色。粉质细腻。气微、味辛、麻舌而刺喉。每公斤3000粒以内。无包壳、杂质、虫蛀、霉变。

水半夏为天南星科植物水半夏的干燥块茎。

规格标准：

统货、干货。略呈椭圆形、圆锥形或半圆形，去净外皮，大小不分。表面类白色或淡黄色，略有皱纹，并有多数隐约可见细小根痕，上端类圆形有凸起的叶痕或芽痕。呈黄棕色。有的下端略尖。质坚实。断面白色。粉性。气微、味辣，麻舌而刺激喉。颗粒不得小于0.5cm。无杂质、虫蛀、霉变。

备注：

为保护资源，提高质量，每公斤在3000粒以外的不采收。

059 天花粉

本品为葫芦科植物栝楼的干燥根。

规格标准：

一等：干货。呈类圆柱形、纺锤形或纵切两瓣。长15cm以上，中部直径3.5cm以上。刮去外皮，条均匀，表面白色或黄白色，光洁，质坚实，体重。断面白色，粉性足，味淡微苦，无黄筋、粗皮、抽沟；无糠心、杂质、虫蛀、霉变。

二等：干货。呈类圆柱形、纺锤形或纵切两瓣，长15cm以上，中部直径2.5cm以上。刮去外皮，条均匀，表面白色或黄白色，光洁，质坚实、体重，断面白色，粉性足，味淡微苦。无黄筋、粗皮、抽沟；无糠心、杂质、虫蛀、霉变。

三等：干货。呈类圆柱形、纺锤形或纵切成两瓣或扭曲不直。去净外皮及须根，表面粉白色，淡黄白色或灰白色，有纵皱纹，断面灰白色有粉性，少有筋脉，气弱味微苦，中部直径不小于1cm。无糠心、杂质、虫蛀、霉变。

060 紫菀

本品为菊科植物紫菀的干燥根及根茎。

规格标准：

统货：干货。呈马尾形，根茎顶端有茎、叶的残基，呈不规则的疙瘩头状；簇生多数细根，松散弯曲或编成辫状。表面紫红色或灰棕色。质较柔韧。断面灰白色。气微香，味甜微苦。大小不一。无苗芦、杂质、虫蛀、霉变。

备注：

系指河北、安徽、河南所产家种紫菀。他地所产的野生硬紫菀不包括在内，有购销习惯的可酌情自订。

061 板蓝根

本品为十字花科植物菘蓝的干燥根。

规格标准：

一等：干货。根呈圆柱形，头部略大，中间凹陷，边有柄痕，偶有分枝。质实而脆。表面灰黄色或淡棕色。有纵皱纹。断面外部黄白色，中心黄色。气微，味微甜后苦涩。长17cm以上，芦下2cm外直径1cm以上。无苗茎、须根、杂质、虫蛀、霉变。

二等：干货。呈圆柱形，头部略大，中间凹陷。边有柄痕。偶有分枝。质实而脆。表面灰黄色或淡棕色，有纵皱纹。断面外部黄白色，中心黄色。气微，味微甜后苦涩。芦下直径0.5cm以上。无苗茎、须根、杂质、虫蛀、霉变。

备注：

爵床科马蓝的板蓝根，有习惯药用者，可自立规格购销。

062 天冬

本品为百合科植物天门冬的干燥块根。

天门冬规格标准：

一等：干货。呈长纺锤形，去净外皮。表面黄白色或淡棕黄色，半透明，条肥大，有糖质。断面黄白色，角质状，中央有白色中柱（白心）。气微，味甜微苦。中部直径1.2cm以上。无硬皮、杂质、虫蛀、霉变。

二等：干货。呈长纺锤形，云净外皮。表面黄白色或淡棕黄色，间有纵沟纹，半透明，有糖质。断面黄白色，角质状，中央有白色中柱（白心）。气微，味甜微苦。中部直径0.8cm以上。间有未剥净硬皮，但不得超过5%。无杂质、虫蛀、霉变。

三等：干货。呈长纺锤形，去外皮。表面红棕色或红褐色，有糖质。断面红棕色，角质状，中央有白色中柱（白心）。气微、味甜微苦。中部直径0.5cm以上。稍有未去净硬皮，修正不得超过15%。无杂质、虫蛀、霉变。

备注：

各地所产天冬，按根条粗细分等，应鼓励发展大条天冬。

063　牛蒡子

本品为菊科植物牛蒡子的干燥成熟果实。

牛蒡子规格标准：

统货。干货。呈瘦长扁卵形，稍弯曲。表面灰褐色，有数条微凸起的纵脉，散有紫黑色的斑点。外皮坚脆。剥开有黄白色种仁两瓣，有油性。气微，味微苦。颗粒饱满，瘪瘦粒不超过10%。无杂质、虫蛀、霉变。

064　益智

本品为姜科植物益智的干燥成熟果实。

规格标准：

统货。呈椭圆形，两端略尖。表面棕色或灰棕色。有纵向隆起棱线。内种子团分三瓣。种粒红棕色或灰褐色，断面红白色，质坚硬、气香、味辛苦。果实饱满，显油性。瘪瘦果不超过10%。无果柄、杂质、霉变。

065　栀子

本品为茜草科植物小果栀子的干燥成熟果实。

规格标准：

一等：干货。呈长圆形或椭圆形，饱满。表面橙红色、红黄色、淡红色、淡黄色。具有纵棱，顶端有宿存萼片。皮薄革质。略有光泽。破开后种子聚集成团状，棕红色、紫红色或淡红色、棕黄色。气微，味微酸而苦。无黑果、杂质、虫蛀、霉变。

二等：干货，呈长圆形或圆形，较瘦小。表面橙黄色、暗紫色或带青色具有纵棱，顶端有宿存萼片。皮薄革质。破开后，种子聚集成团状，棕红色、红黄色、暗棕色、棕褐色。气微，味微酸而苦。间有怪形果或破碎。无黑果、杂质、虫蛀、霉变。

备注：

1．本品不包括长大形的水栀子。

2．一、二等的区别，不是果的大小区分，主要是以栀子果的成熟程度、是否饱满和色泽深浅来分等级。

3．无论何种栀子，均要防止抢青，严禁采收嫩果。

066 连翘

本品为木犀科植物连翘的干燥果实。

1. 黄翘规格标准

统货。干货。呈长卵形或卵形，两端狭尖，多分裂为两瓣。表面有一条明显的纵沟和不规则的纵皱纹及凸起小斑点，间有残留果柄。表面棕黄色，内面浅黄棕色，平滑，内有纵隔。质坚脆。种子多已脱落。气微香，味苦。无枝梗、种籽、杂质、霉变。

2. 青翘规格标准

统货。干货。呈狭卵形至卵形，两端狭长，多不开裂。表面青绿色，绿褐色，有两条纵沟。质坚硬。气芳香、味苦。间有残留果柄。无枝叶及枯翘，杂质、霉变。

备注：

青翘只山西省采收供应。黄翘是河南、陕西等地产，应防止抢青采收。

067 黄芩

本品为唇形科植物黄芩的干燥根。

条芩规格标准：

一等：干货。呈圆锥形，上部皮较粗糙，有明显的网纹及扭曲的纵皱纹。下部皮细有顺纹或皱纹。表面黄色或黄棕色。质坚脆。断面深黄色，上端中央有黄绿色或棕褐色的枯心。气微、味苦。条长10cm以上，中部直径1cm以上。去净粗皮。无杂质、虫蛀、霉变。

二等：干货。呈圆锥形，上部皮较粗糙，有明显的网纹及扭曲的纵皱纹，下部皮细有顺纹。表面黄色或黄棕色。质坚脆。断面深黄色，上端中央有黄绿色或棕褐色的枯心。气微、味苦。条长4cm以上，中部直径1cm以下，但有小于0.4cm。去净粗皮。无杂质、虫蛀、霉变。

枯碎芩规格标准：

统货。干货。即老根多中空的枯芩和块片碎芩，破断尾芩。表面黄或淡黄色。质坚脆。断面黄色。气微、味苦。无粗皮、茎芦、碎渣、杂质、虫蛀、霉变。

备注：

条芩即枝芩、子芩，系内部充实的新根、幼根。枯芩系枯老腐朽的老根和破头块片根。

068 知母

本品为百合科植物知母的干燥根茎。

毛知母规格标准：

统货。干货。呈扁圆形，略弯曲，偶有分枝；体表上面有一凹沟具环状节。节上密生黄棕色或棕色毛；下面有须根痕；一端有浅黄色叶痕（俗称金包头）。质坚实而柔润。断面黄白色。略显颗粒状。气特异，味微甘略苦。长6cm以上。无杂质、虫蛀、霉变。

知母肉规格标准：

统货。干货。呈扁圆条形，去净外皮。表面黄白色或棕黄色。质坚。断面淡黄色，颗粒状。气特异。味微甘略苦。长短不分，扁宽0.5cm以上。无烂头、杂质、虫蛀、霉变。

069 赤芍

本品为毛茛科植物芍药的干燥根。

规格标准：

一等：干货。呈圆柱形，稍弯曲，外表有纵沟或皱纹，皮较粗糙。表面暗棕色或紫褐色。体轻质脆。断面粉白色或粉红色，中间有放射状纹理，粉性足。气特异，味微苦酸。长16cm以上，两端粗细较匀。中部直径1.2cm以上。无疙瘩头、空心、须根、杂质、霉变。

二等：干货。呈圆柱形，稍弯曲，外表有纵沟或皱纹，皮较粗糙。表面暗棕色或紫褐色。体轻质脆。断面粉白色或粉红色，中间有放射状纹理，粉性足。气特异，味微苦酸。长15.9cm以下，两端粗细较匀。中部直径0.5cm以上。无疙瘩头、空心、须根、杂质、霉变。

备注：

赤芍规格系以内蒙古、河北、黑龙江产品制定的。其他各产区的赤芍，可自订。

070 远志

本品为远志科植物远志或卵叶远志的干燥根。

志筒规格标准：

一等：干货。呈筒状，中空。表面浅棕色或灰黄色，全体有较深的横皱纹，皮细肉厚。质脆易断。断面黄白色。气特殊，味苦微辛。长7cm中部直径0.5cm以上。无木心、杂质、虫蛀、霉变。

二等：干货。呈筒状，中空。表面浅棕色或灰黄色，全体有较深的横皱纹，皮细肉厚。质脆易断。断面黄白色，气特殊，味苦微辛。长5cm中部直径0.3cm以上。无木心、杂质、虫蛀、霉变。

志肉规格标准：

统货。干货。多为破裂断碎的肉质根皮。表面棕黄色或灰黄色，全体有横皱纹，皮粗细厚薄不等。质脆易断。断面黄白色。气特殊，味苦微辛。无芦茎、无木心、杂质、虫蛀、霉变。

备注：

远志根是抽不出木心的小根，为保护资源，未制订规格标准。

071 葛根

本品为豆科植物野葛或甘葛藤的干燥根。（注《中国药典》现行版规定葛根的来源为豆科植物野葛的干燥根。而将甘葛藤单列收入。）

1. 野葛

葛方规格标准：

统货。干货。鲜时纵横切成1cm的骰形方块。切面粉白色或淡黄色，纤维性强，有粉性，质坚实。气微味甘平。无杂质、虫蛀、霉变。

葛片规格标准：

统货。干货。类圆柱形，鲜时横切成0.6～0.8cm厚片。表皮多黄白色。切面粉白色或黄白色，纤维性强，具粉性，有较多纤维和环状纹理。质坚实。间有碎破、小片。无杂质、虫蛀、霉变。

2. 家葛

粉葛规格标准：

一等：干货。鲜时去皮切去两端后，纵剖两瓣。全体粉白色。断面显环纹，粉性足，纤维很少。气微、味甘。剖瓣长13~17cm，中部宽5cm以上。无杂质、虫蛀、霉变。

二等：干货。鲜时刮去外皮，不剖瓣。表皮黄白色。断面白色，有环纹、纤维多、有粉性。气微、味甘。中部直径1.5cm以上，间有断根、碎破、小块。无茎蒂、杂质、虫蛀、霉变。

备注：

1. 家葛系指广西种者，特征是纤维少，去外皮、粉性足。

2. 原规格配方时还需加工。建议在产区试行加工为1cm³的小块（似骰形）便于使用。

072 柴胡

本品为伞形科植物柴胡、狭叶柴胡或同属数种植物的干燥根。

1. 北柴胡规格标准

统货。干货。呈圆锥形，上粗下细，顺直或弯曲，多分枝。头部膨大，呈疙瘩状，残茎不超过1cm。表面灰褐色或土棕色，有纵皱纹。质硬而韧，断面黄白色。显纤维性。微有香气，味微苦辛。无须毛、杂质、虫蛀、霉变。

2. 南柴胡规格标准

统货。干货。类圆锥形，少有分枝，略弯曲。头部膨大，有残留苗茎。表面土棕色或红褐色，有纵皱纹及须根痕。断面淡棕色。微有香气。味微苦辛。大小不分。残留苗茎不超过1.5cm。无须根、杂质、虫蛀、霉变。

备注：

1. 北柴胡习称"硬柴胡"是根据河北、河南等地产品制订的。

2. 南柴胡习称"软柴胡"或"红柴胡"。

3. 部分地区习用的竹叶柴胡，带苗茎的柴胡，可根据习惯自行制订标准。

073 苍术

本品为菊科植物茅苍术或北苍术的干燥根茎。

1．茅苍术规格标准

统货，干货。呈不规则连珠状的圆柱形，略弯曲。表面灰黑色或灰褐色。质坚。断面黄白色，有朱砂点，露出稍久，有白毛状结晶体，气浓香，味微甜而辛。中部直径0.8cm以上。无须根，杂质、虫蛀、霉变。

2．北苍术规格标准

统货，干货。呈不规则的疙瘩状或结节状。表面黑棕色或棕褐色。质较疏松。断面黄白色或灰白色，散有棕黄色朱砂点。气香。味微甜而辛。中部直径1cm以上。无须根、杂质、虫蛀、霉变。

074　香附

本品为莎草科植物莎草的干燥根茎。

光香附规格标准：

统货，干货。呈纺锤形，有的略弯曲。去净毛须。表面棕褐色、紫褐色。具光泽，有纵皱纹，通常有数个隆起的环节及残留的根痕。质坚硬、粉足。断面淡褐色、灰白色或棕黄色。气芳香、味微苦。大小不分。无杂质、虫蛀、霉变。

备注：

原收毛香附的应指导加工去净毛须。

075　秦艽

本品为龙胆科植物秦艽、麻花秦艽、粗茎秦艽或小秦艽的干燥根。

1．大秦艽规格标准

一等：干货。呈圆锥形或圆柱形，有纵向皱纹，主根粗大似鸡腿、萝卜、牛尾状。表面灰黄色或棕色。质坚而脆。断面棕红色或棕黄色，中心土黄色。气特殊，味苦涩。芦下直径1.2cm以上。无芦头、须根、杂质、虫蛀、霉变。

二等：干货。呈圆锥形或呈圆柱形，有纵向皱纹，主根粗大似鸡腿、萝卜、牛尾状。表面灰黄色或黄棕色。质坚而脆。断面棕红色或棕黄色，中心土黄色。气特殊，味苦涩。芦下直径1.2cm以下，最小不低于0.6cm。无芦头、须根、杂质、虫蛀、霉变。

2．麻花艽规格标准

统货，干货。常由数个小根聚集交错结缠绕呈辫状或麻花状。全体有显著的向左扭曲的纵皱纹。表面棕褐色或黄褐色、粗糙，有裂隙显网状纹，体轻而疏松。断面常有腐朽的空心，气特殊，味苦涩，大小有分，但芦下直径不小于0.3cm。无芦头、须根、杂质、虫蛀、霉变。

3．小秦艽规格标准

一等：干货。呈圆锥形或圆柱形。常有数个分枝纠合在一起，扭曲，有纵向皱纹。表面黄色或黄白色。体轻疏松。断面黄白色或黄棕色。气特殊、味苦。条长20cm以上。芦下直径1cm以上。无残茎、杂质、虫蛀、霉变。

二等：呈圆锥形或圆柱形。有分枝，常数个分根纠合在一起，扭曲。有纵向皱纹。表面黄色或黄白色。体轻质疏松。断面黄白色或黄棕色。气特殊，味苦。长短大小不分，但芦下最小直径不低于0.3cm。无残茎、屑渣；无杂质、虫蛀、霉变。

备注：

为使商品易于区分，现归纳为大秦艽、麻花艽、小秦艽三类。各地产区，符合哪一类型，即按哪种规格分等，不受地区限制。

076 陈皮

本品为芸香科植物橘的干燥成熟果皮。

1. 橘皮规格标准

一等：干货。呈不规格片状，片张较大。表面橙红色或红黄色，有无数凹入的油点（鬃眼）。对光照视清晰。内面白黄色。质稍硬而脆。易折断。气香、味辛苦。无杂质、虫蛀、霉变、病斑。

二等：干货。呈不规格片状，片张较小，间有破块。表面黄褐色或黄红色。暗绿色。内面类白或灰黄色，较松泡。质硬而脆。易折断。气香、味微苦。无杂质、虫蛀、霉变、病斑。

2. 广陈皮规格标准

一等：干货。剖成三至四瓣。而瓣多向外反卷。表面橙红色或棕紫色，显皱缩，有无数大而凹入的油室。内面白色、略呈海绵状，质柔。片张较厚。断面不齐。气清香浓郁，味微辛。无杂质、虫蛀、霉变、病斑。

二等：干货。剖成三至四瓣和不规则片张，裂瓣多向外反卷。表面橙红色或红棕色，有无数大而凹入的油室。内面白色、较光洁。质较柔。皮张较薄。断面不齐。气清香、味微苦辛。无杂质、虫蛀、霉变、病斑。

三等：干货。剖成三至四瓣。裂片多向外反卷。皮薄而片小。表面红色或带有青色，有无数凹入的油室。内面类白色。质坚而脆。有香气、味微辛，不甚苦。无杂质、虫蛀、霉变。

备注：

1. 橘皮系指各地所产桔子果皮，不包括广柑皮。广柑皮有需要者可另订规格。
2. 广陈皮系指广东的新会等地所产的大红柑的果皮。
3. 广东地区所产的四会皮、潮皮，浙江地区所产的橘皮，不在此内。可酌情自订。
4. 凡粘有泥土或污染的桔皮。不得收购和使用。

二、《七十六种药材商品规格标准》中的名词、术语解释

1. 干货　指本品的干湿度，是以传统经验公认的干燥度为准，所含的水分以不致引起霉烂变质为限；具有油性、糖质的，应注意保持。

2. 霉变　因干燥不够，或受潮湿浸袭所产生的霉变，引起内部变质者；但表皮的轻微霉霜，去净后不影响疗效者，仍可药用。

3. 虫蛀　即生虫受伤者，又称虫伤。一般应做到无虫蛀；但有的品种，极易生虫，故有的注明"间有"虫伤，是指虫蛀较轻微者，以不影响疗效为度。

4. 杂质　系指非药用部分，包括：泥沙石、灰渣、柴木屑、矿渣等，除特殊者

外，一般都要去净。

5．中上部　是指测量长圆条形的根茎药物的部位，即全长中部的上折半处（全长四分之一的地方），测量直径的大小（若干cm）。

6．焦枯　药在加工干燥，或防治虫蛀的熏炕过程中，因火力过大，或操作不当，所发生的灼变黑枯者。内部色正常，表面黑色未到50%不影响疗效者，不算焦枯。

7．枯干　系指药材在生长中枯死，或采收失时，所含成分不足的干枯品，形状瘪瘦，松泡、细小，不能药用。

8．油条（个、烂、块）　系指堆存发热、烘炕不当、气候影响等因素引起的返油变色者。

9．过桥　黄莲在生长过程中，由于培土不当、产生的两端有连节，中间呈光杆，瘦小不滑者。

10．（火充）根　当归推苔后，根部失去肉质，松泡、虚软的归根，不能药用。

11．山川芎　四川育芎苓子的母根，质较松软次，仍可药用。

12．苓珠　即过小芎苓子不能当川芎药用。

13．老母　指地黄栽子，经繁殖后的母根。已空虚，失去有效成分，不能药用。

14．生心　或称夹生，系指在焙制中或煮烫中，未透心者。

15．花子　指瘤状疙瘩积聚在白术的主体，占表面面积30%以上者。

16．武子　指白术体形，呈二叉以上者（包括两叉）。

17．炕炮　指白术加工时，用急火炕燥，造成白术内部空泡者。

18．疙瘩头　指甘草斩下的芦头部分，呈疙瘩状之称。

19．沙皮　茯苓皮和肉，含有较多的沙粒。

20．烂头　有些药材，受各种影响，发生一头或两头破烂或霉烂者。

21．僵个（只）　指贝母等在加工或生长中，受到影响，汁枯僵化，变色者。

22．顶手　系指密银花的特点，由于该品种的花苞肉质较厚，干燥后较硬，握之有顶手的感觉，又称手感。

23．银皮　指麝香中间层的薄膜，呈银白色，故称银皮。

24．扒耳　指附子上，再生有较小的附子，产地称"扒耳"，加工成的附皮，称"扒儿片"。

25．浦汤花　指杭菊花，在蒸花中，沸水上升，烫熟了的菊花。

26．大挺　指各种鹿茸较长粗的主干。

27．门桩　指鹿茸的第一分枝。

28．独挺　即未分岔的独角鹿茸，多为二年幼鹿的"初生茸"，又名"一棵葱"。

29．拧嘴　指鹿茸大挺的顶端，初分支岔时，顶端嘴头，扭曲不正者。

30．骨化圈　鹿茸锯口的周围，靠皮层处，有骨质化的一圈。

31．抽沟　鹿大挺不饱满，抽缩成沟形者。

32．乌皮　梅花茸的表皮棕黄色，因受加工影响，出现部分皮变成黑色。

33．存折　鹿茸内部已折断，而表皮未开裂，但是痕裂。

34．棱筋、棱纹、骨豆　圴指鹿茸逐渐变老硬的特征，多在大鹿茸的下部，开始出现各种形状。

35．窜尖　鹿茸渐老时，大挺顶端，破皮窜出瘦小的角尖。

36. 莲花　指马鹿的嫩锯茸、短二杠、大挺有了小的分岔，称莲花。

37. 老毛杠　指三、四岔以上的马鹿茸，快成老鹿角者。但末脱去茸皮，习称"老毛杠"。

38. 蔸朴　指厚朴介于地面和地下相连的部分的树蔸皮。

39. 双花　指建泽泻。长成两个相连的根茎，产地习称"双花"。

40. 油果、黑果　指枸杞由于成熟过分或炕晒不当，保管不好，氧化泛油变黑色之果。

41. 边条参　是家种人参的一种，生长年限较长，一般是八、九年，其中倒栽二、三次，并"整形下须"，使呈人形；其特点是三长：即芦长、身长、腿长、体形优美。

42. 普通参　栽种时间较短，一般六年收获，参皮较嫩，肩部不显横皱纹；特点是芦短，身短而粗胖，支根不限。

43. 有皮有肉　加工后红参（边条参），肩部有明显的横皱纹，习称"有皮"；参体表面棕红色，有肉嫩感，习称"有肉"，两者具有联称"有皮有肉"。

44. 黄皮　指人参采收季节不当，浆汁减少，俗称"跑浆"，加工后出现的皮，黄色较多，习称"黄皮"。

45. 无中尾　指边条红参，规定是二、三条腿的粗细，直径不得小于0.3cm，如小于这个指标，称为"中尾"，上等货中，是不允许有的，则叫"无中尾"。

46. 破疤、干疤　人参在起土前受到的创伤或虫伤，加工红参后疤痕呈黑色者，叫"破疤"；已经愈合好的伤疤，加工后不显黑色与红参体色相同者，叫"干疤"。

47. 青丹　指牡丹皮生长时，根露出地面，时久丹根变青者。

附录二　全国十七家大型中药材批发市场

一、安徽亳州中药材交易中心

中国（亳州）中药材交易中心是目前国内规模最大的中药材专业市场，该"中心"座落在国家级历史名城——安徽省亳州市省级经济开发区内。

京九铁路、105国道、311国道从旁边交叉而过，交通十分便利。该"中心"占地400亩，建筑面积20万㎡，已拥有1000家中药材经营铺面房；32000㎡的交易大厅安置了6000多个摊位进驻经营；气势恢宏的现代化办公主楼建筑面积7000多平方米，内设中华药都投资股份有限公司办公机构、大屏幕报价系统、交易大厅电视监控系统、中华药都信息中心、优质中药材种子种苗销售部、中药材种苗检测中心、中药材饮片精品超市等。交易中心自开业以来，交易鼎盛，热闹非凡。

目前中药材日上市量高达6000吨，上市品种2600余种，日客流量约5万～6万人，中药材成交额约100亿元。目前亳州市农村约有60万亩土地种植中药材，50万人从事中药材的种植、加工、经营及相关的第三产业。同时，以交易中心为龙头，促进了亳州市交通、旅游、通讯、信息业和市政建设的迅猛发展。为进一步发展中药材交易中心的龙头作用，增强交易中心的辐射力，占地180亩的交易中心二期工程已经全面启动，项目包括铺面房、大型仓储、大型停车场、学校、医院和中华药都大酒店。使交易中心形成交易规范、管理科学、配套完善、环境优美、特色鲜明的全国乃至全世界最大的中药材集散地。其中，二期工程主体建筑中药材交易大厅已于2014年正式开张营业。

二、河南禹州中药材专业市场

素有"中华药城"之称的河南禹州，也是我国医药发祥地之一。禹州具有悠久的中药材种植、采集、加工历史，以加工精良、遵古炮制著称于世。历史上就有"药不到禹州不香，医不见药王不妙"之说。

自春秋战国以来，神医扁鹊、医圣张仲景、药王孙思邈等都曾在禹行医采药、著书立说。在他们的直接影响下，禹州的医药业也得到大的发展，从唐朝开始禹州的药市逐步形成，伴随着药业的进一步发展和繁荣，明朝时期，禹州就成为全国四大药材集散地之一。

1996年，禹州被国家中医药管理局、原卫生部、原国家工商行政管理局定为全国十七个中药材专业市场，河南省唯一的国家定点药材专业市场。2001年，禹州市投资两亿元人民币新建了现今的河南禹州中药材专业市场（又称中华药城）。目前该市场是中国十七家标准化、规范化的国家级中药材专业市场之一，也是河南唯一的国家级定点中药材专业市场。

药城占地面积四百余亩，包括建筑面积两万三千平方米、可容纳两千五百个摊位的中心交易大厅，以及两千余间三层以上经商楼，并附属仓储、银行、饭店、停车场、娱乐场等各种服务设施，是一所集物流、信息、金融等为一体的大型现代化中药材专业市场。市场经营品种上千种，固定从业人员上万人，年交易额达十亿元人民币。

位于中华药城中心位置的交易大厅，由禹州市药业管理委员会实行统一管理，是中华药城的主要建筑设施。它占地三十亩，分上下两层，层高八米。主要采用柜台陈列式经营。对于购买交易大厅摊位的买主，由政府有关部门办理权属证明，拥有对摊位的出让权、出租权、继承权、抵押权。整个大厅宽敞、明亮、整洁、有序，是八方客商云集的中药材主要交易场所。

为适应中药材市场发展的需要，中华药城交易大厅目前正在重新改造和定位。改造后的交易大厅将设立河南省唯一经国家授权，按GSP标准经营中药饮片的法定场所。目前，禹州中药材市场拥有全国各地药商六百多家。同时，在市场周边聚集着许多内地知名中成药厂家，市场经营的中药材品种达上千种，以批发为主，兼顾零售，主要是现金交易。由于依托周边乡镇三十余万亩的中药材种植基地，中华药城的药材价廉物美，在国内中药材市场上占有重要份额，颇受商家青睐。

三、四川成都荷花池中药材专业市场

成都荷花池中药材专业市场建设于20世纪70年代，1996年荷花池中药材专业市场，由原荷花池中药材交易区和五块石中药材市场合并而成，历经30多年风雨，经过四次产业升级，现整体搬迁到位于成都市北新干道旁的成都国际商贸城，交通极为便利。是西部地区最大的中药材市场。市场占地142亩，建筑面积20万㎡，拥有4000多个商位，是目前全国体量最大、硬件设施最优秀的中药材专业市场之一。采用现代化的商铺设计理念，中央空调、专业的通风采光设计和自动关合玻璃顶棚等现代化设施，使市场成为全国唯一的"会呼吸的中药材市场"。

市场常年经营户有1700多户，5000余人，主要来自省内外100多个县（市），经营中药材品种4500余种，常见药材约2000种，其中川产药材1300余种，如道地药材川贝母、黄连、冬虫夏草、川芎、川乌、附片、麦冬等。也有许多四川草药医生习用的地方药，如、大菟丝子、理塘黄芪等，市场日销售额500多万元。

近年国家商务部授权发布的中国·成都中药材指数即是以荷花池中药材专业市场的商户为主要价格采集点。它的制订和发布，将为政府和行业主管部门准确及时了解和掌握中药材贸易动态；为中药材和经营者提供商业信息；同时引领中药材产业发展方向，为广大业内人士提供最有参考价值的市场信心。是西部最大的中药材专业市场，享有很高的知名度。

四、河北安国中药材专业市场

安国市古称祁州，是全国最大的中药材集散地，素有"草到安国方成药、药经祁州始生香"的美誉。改革开放以来，安国市委、市政府大力实施"以药兴市、科技兴药"的发展战略，初步形成了产加销一条龙、科工贸一体化的药业特色经济新格局；全市药材种植常年保持在13万亩以上，药材产量占河北省的75%以上；占地2000多亩的全国规模最大的中药材专业市场—东方药城，有药行（栈）近300家，中心交易大厅摊位4000多个，市场年成交额逾50亿元。

东方药城东侧正在施工的市场升级工程—东方药城国际中药材商贸中心，总投资2.2亿元，是集电子商务、物流配送、现代仓储等功能为一体的河北省市场建设示范项目。

五、江西樟树中药材市场

江西省樟树市在唐朝即辟为药墟，宋元时形成药市，明清时期臻于鼎盛，终成"南北川广药材之总汇"的大气候。但由于设施落后，交易方式陈旧等原因，近年来，"药都"繁华逐渐逝去。

2004以来，樟树开始规划建设一个档次高、规模大、硬件设施一流的中药材专业市场。市场规划面积为500亩，建筑总面积达25万m^2，拥有集商贸、仓储、居家为一体的店铺1000余套，设有功能齐全的现代化电子商务交易大厅，以及休闲广场、阳光草坪、景观大道等配套设施。

新中药材专业市场一期规划紧邻105国道，长500m，纵深311m，占地235亩，市场主入口处设置一个直径为120m的半圆形广场，建筑围绕广场展开，铺面房由3层半联排式单元组成，市场中央设置综合服务大厅，后侧布局停车、货物配载中心。一期市场总建筑面积18万m^2，其中店面4万m^2，交易大厅0.6万m^2，仓储5万m^2，计划投资1.5亿元，可同时容纳1000户以上药商入市经营。二期市场规划用地256亩，用于中药材加工、仓储、中转。

现有16个省（市）、72个县（市）的300余户药商在场内经营，年成交量10万吨，交易额超10亿元，辐射全国21省（市）、港、澳、台以及东南亚地区。

六、广州清平中药材专业市场

清平中药材专业市场于1979年经广州市政府批准开办，是全国首批8个重点中药材专业市场之一。广州清平中药材专业市场是1996年经国家批准设立的全国17个中药材市场之一，是广州市惟一合法的中药商品交易场所。清平中药材专业市场年成交金额高达10亿元以上，经营户来自五湖四海，商品交易活跃，销往全国和港澳台、东南亚及世界各地，是南中国最大的中药材特别是贵细滋补性中药材——南药的集散地和进出口贸易口岸。2006年完成升级改造，新药市座落于广州清平路和六二三路，是唯一建立在大都市中心区域的中药材市场，拥有庞大的交通网络，市场面积达1.1万平方米，有商铺1500多家，年营业额超10亿元。该市场还是全国第一个准许经营范围达5大类别（中药材、中药饮片、中西成药、医疗器械、保健品）的医药展贸平台。9层楼的清平医药中心是其标志性建筑。

药材市场中药材品种齐全，货源充足，有名贵的中药材如人参、西洋参、巴戟天、海马、海龙、阳春砂、雪蛤膏等，有大宗批发的品种如田七、青天葵、当归、川芎、金银花、菊花等，又有小额零售的普通中草药。

七、山东鄄城县舜王城药材市场

鄄城县素有"中国绿色药都"之称。全县中药材种植面积近10万余亩，中药材加工企业30余家。鄄城县建设的鄄城县舜王城中药材专业市场，是继安徽亳州、河北安国之后全国重要的中药材集散地之一，是山东省唯一的国家级中药材专业市场。该市场占地14万m²，建筑面积6万m²，拥有固定门店460余套，日上市摊位1000余个，经营品种1100多种，年经销各类中药材5万吨，成交额3亿多元。

投资20.8亿元建设的山东舜王城中药现代科技园，按照"大市场、大物流、大药都"的思路，建设成集中药材种养加、产供销、农工商、产学研和旅游观光、休闲度假于一体的中药现代化科技园。主要建设280套风情典雅的商铺楼、标准仓库、一处中药材交易大厅及各种配套工程。

八、重庆解放路药材专业市场

重庆中药材专业市场建设规模和配套设施，市场占地面积2500m²，为六楼一底的大型室内交易市场，建筑面积10000m²。共设摊位400个、写字间40套。

九、哈尔滨三棵树药材专业市场

哈尔滨三棵树中药材专业市场建立于1991年，是通过国家"三局一部"验收的17家中药材专业市场之一，是东北三省和内蒙古地区唯一的中药材市场。目前，已投入使用的新址占地6000多m²，建筑面积2.3万m²，容纳的商户由原来的百余户增至千户，内设中草药种植科研中心、电子商务网络中心、质检中心、仓储中心及商服、银行等配套机构和设施，形成设施完善，功能齐全的市场，无论从规模到设施均达到国内同类市场一流水平。1996年完成搬迁，占地6000多m²，建筑面积23000m²，市场内设有1~3层各式营业用房300套，可容纳经营户1000余个，内设中草药种植科研中心、质检中心、仓储中心。充分体现东北高寒地区药材交易市场特色。现中药材交易品种已达到580余种，其中107种量大质优，具地方特色。东北是关药的道地药材的主产区，销量居全国之首，如人参、鹿茸、哈士蟆油、关防风、关龙胆、关黄柏、北五味子、刺五加等名贵药材，特别是人参，80%出口到俄国、日本、韩国、东南亚、西欧等国，药材边境贸易十分活跃。

十、兰州黄河中药材专业市场

黄河中药材专业市场是全国17家国家级中药材专业市场之一，1994年8月创办，1996年9月经国家一部三局联合批准为甘、宁、青、新唯一的国家级中药材专业市场，也是兰州市十大市场之一。经过近10年的发展，黄河中药材专业市场营业额已达上亿元，实现利税上千万元，逐步形成了立足甘肃、面向西北、辐射全国的经营格局。甘肃陇西中药材专业市场已整体顺利搬迁至黄河国际展览中心2号展馆。进行市场化经营和商业化管理模式，树立了全新的服务和品牌。

甘肃以陇西为中心的中药材专业市场发展势头强劲，其中陇西文峰中药材交易城自2011年8月建成运营，截至目前已入住企业和个体经营户690家，中药材静态仓储能力20多万吨，仓储品种320多个，年仓储周转量50多万吨。是目前西北最大的中药材交易市场。2013年上半年实现销售额86亿元，创造就业岗位1300个，带动周边其他社会就业上万人。建立了中药材物联电子交易平台，行情分析查询系统已投入运行，累计发布供求信息2万余条，注册会员5000余人，电商交易平台签约供应商80余家，部分产品已实现网上交易。基本替代了兰州黄河中药材专业市场的功能。陇西周边还有较大规模的中药材交易市场如：岷县当归城（主要交易当归、党参、黄芪等）；渭源中药材市场（主要交易党参等）；陇西首阳中药材市场（主要交易党参、黄芪等）。

十一、西安万寿路中药材专业市场

西安药材市场已经发展成为营业面积45万m^2，有固定、临时摊位1500余个，市场经营品种达1600多种，日成交额150多万元且经营机制健全、服务优良的新型药材市场。其销售辐射新疆、甘肃、兰州、青海、宁夏及周围市县。

十二、湖北蕲州中药材专业市场

蕲州中草药资源极为丰富，不仅品种较多，而且门类也较齐全，是我国著名的盛产道地药材之乡，历来为重点药材产区之一。1991年，设立了李时珍中药材专业市场。该市场占地102亩，建筑面积12000m^2。年销售额近3亿元，上市中药材达1000多个品种，年销售丹皮，杜仲，桔梗等地产药材近800吨，形成了种植，加工，销售良性循环，成为长江中、下游重要的中药材集散地。

十三、湖南岳阳花板桥中药材市场

湖南省岳阳市花板桥中药材专业市场是由岳阳市农办、农业局、农科所于1992年8月联合创办，是国家首批验收颁证的全国八家中药材专业市场之一。市场位于岳阳市岳阳区花板桥路、金鹗路、东环路交汇处，距107国道5km，火车站2km，城陵矶外贸码头8km，交通十分便利。市场占地123亩，建筑面积5.5万m^2，建成封闭门面、仓库、住宅2000余套（间），并完善了学校、银行、医院、邮电等设施。市场现有来自全国20多个省、市的经营户480多户，年成交额近3亿元。花板桥中药材专业市场是湖南省重点市场之一。

十四、湖南邵东县药材专业市场

湖南省廉桥中药材专业市场(前身邵东廉桥药材市场)位于邵东县廉桥镇，320国道与娄邵铁路纵横贯通，交通便利。 湖南省廉桥中药材专业市场源于隋唐，新中国成立后曾一度停业。1983年后逐步恢复并迅速发展壮大。目前，市场拥有各类中药材专业药材经营店、栈800多家，经营场地3万多平方米，经营中药材1000余种(其中本地产药材200余种)，集全国各地中药材之大成。市场经营方式灵活，批零兼营，并可代购代销。医疗、电讯、托幼、食宿、短途搬运，长途发运等服务设施配套，购销便利。药材销售辐射到全国各地，部分品种运销新加坡、马来西亚、香港等国家和地区。年成交额达1.5亿元，成为全国重要的中药材集散地，并跻身全国十大药材市场行列。有"江南药都"之美誉。市场现实现了规范化，系统化管理，走上了更加健康发展的轨道。是湖南省内两个经国家审批设立的中药材专业市场之一。

十五、广西玉林中药材专业市场

广西玉林市中药材专业市场位于玉林市城区东南面的中秀路，距离玉林火车站800m，公路、铁路运输十分方便。玉林市中药材市场1988年12月建成并投入使用，市场占地60亩，共有铺面式摊位812间，市场经营户800多户，经营药材品种1000多种，市场年成交额近10亿元，年创税费1000多万元。玉林中药材市场是全国十七家中药材专业市场之一，市场贸易辐射全国20多个省市地区，转口远销日本、韩国、越南、泰国、马来西亚、新加坡等东南亚地区，对带动其他产业的发展，推进玉林中药产业化的发展起到重要作用。

十六、广东普宁中药材专业市场

普宁中药材专业市场历史源远流长，早在明清年代，就是粤东地区中药村集散地。普宁是广东山区市之一，山区面积占全市面积67%。境内山川交错，气候温和，雨量充沛，具有良好生态条件，各种中草药资源十分丰富。南阳山区的后溪、船埔、黄沙、梅林一带山区野生药材400多种，尤其是陈皮、巴戟、山栀子、甘葛、乌梅、山药等品种为当地名特产，还有梅林盛产的枳壳、厚朴、千重纸等，构成了当地药源基地。同时也是外地药材商品集散地。中国普宁中药材专业市场是国家批准的首批8个国家定点中药材专业市场之一，该市场占地面积4.2万m^2，建筑面积4.5万m^2，采用中西结合的建筑风格，设施配套完善，拥有铺位400多间，经营商户405户，经营全国地道中药材共1000个品种。市场配备有电脑信息、电视监控、药物检验、中药鉴别等综合服务机构和现代化设施，总投资1.5亿元。目前，市场日均上市品种700多个，年贸易成交额8.5亿元以上，中药材销售已辐射到全国18个省市，且远销日本、南韩、东南亚、港澳、北美等国家和地区。是一个以生产基地为依托的传统中药材集散地，是南药走向全国、走向世界的最大窗口。

十七、昆明菊花园中药材专业市场

位于昆明市东郊路174号的昆明市菊花园中药材专业市场始建于1991年，于1996年通过国家卫生部、国家医药管理局、国家中医药管理局、国家工商行政管理局严格的全面考查审批，经验收合格后，挤身进入全国十七家被保留的中药材专业市场之列，成为云南省唯一的中药材专业市场。市场内现有经营商户三百余家，经营中药材四千余种，担负着我省80%以上的中药材收购、储藏和批发全国各地的重任，年贸易额可达10亿元人民币。